새로운 출발을 위한
하나님의 선물

God's Little Devotional Book for Graduates
Copyright © 2000 by Honor Books Cook Communications Ministries,
4050 Lee Vance View, Colorado Springs, Colorado 80918 U.S.A.
All rights reseved.
Korean Translation © 2006 by NCD Publishers

이 책의 한국어판 저작권은 도서출판 NCD에 있습니다.
저작권법에 의하여 한국에서 보호받는 저작물이므로 무단복재와 무단전제를 금합니다.

새로운 출발을 위한 하나님의 선물

지은이 | 어너 북스
옮긴이 | 정진우
초판 1쇄 펴낸날 | 2006년 3월 15일
초판 2쇄 펴낸날 | 2006년 4월 18일
등록번호 | 제220-90-20130호
등록일자 | 2000년 1월 6일
등록처 | 서울시 강남구 대치동 944-20 동우리빌딩 2층
발행처 | 도서출판 NCD

값 9,500원
ISBN 89-5788-096-8

▪ 잘못된 책은 바꿔 드립니다.
▪ www.NCDKorea.com에 개설된 카페 '출판 현장 365일'에서 독자 여러분의 의견을 기다립니다.

도서출판 NCD
주 소 | 경기도 고양시 일산구 장항동 578-16 나동
주문 / 영업부 | (031) 905-0434 팩스 (031) 905-7092
본사 / 편집부 | (02) 538-0409 팩스 (02) 566-7754
한국 NCD / 지원 · 코칭 | (02) 565-7767 팩스 (02) 566-7754

도서출판 NCD는 '자연적으로 성장하는 더 좋고 많은 교회 번식 운동'을 펼치고 있는 **한국 NCD(www.NCDKorea.com)**와 **터치코리아(www.TouchKorea.net)** 및 이와 관련된 기관들의 사역을 문서로 지원하는 출판사입니다.

한국 NCD는 현재 전 세계 6대주 66개국 10,000교회 4,200만 자료로 검증된 설문 조사 자료를 토대로 하여 한국에서 8가지 질적 특성을 중심으로 교회의 건강을 진단할 뿐만 아니라 더 많은 교회들이 건강하게 세워질 수 있도록 지속적으로 자료 및 도구 제공, 훈련, 세미나, 컨설팅, 코치 사역, 세계 선교, 지역 및 정보 네트워크를 위해 사역하고 있는 국제적인 전문 사역 기관입니다.

※ 보다 자세한 사항은 홈페이지를 참고하세요.

새로운 출발을 위한

하나님의 선물

어너 북스 지음 | 정진우 옮김

도서출판 NCD

• • • • •

머리말

새로운 출발을 축하합니다. 당신은 도전과 변화의 시대를 향해 희망으로 가득 찬 발걸음을 내딛고 있습니다. 과학 기술의 발달로 국가 사이의 장벽은 없어지고 세계가 한 가족처럼 쉽고 빠르게 관계를 갖게 되었습니다. 오늘날 넘치는 정보와 수많은 선택의 기회, 그리고 부모 세대와 할아버지 세대가 상상하지 못했던 도덕적인 딜레마에 빠져 비틀거리고 있습니다. 바야흐로 도전과 가능성으로 가득 찬 시대입니다.

당신은 용기가 필요한 새로운 세계에서 자신의 인생을 위해 어떻게 하면 더 나은 선택을 할 수 있습니까? 과대광고 속에서 생산적이고 성취감 넘치는 삶을 살기 위한 답을 어떻게 찾을 수 있습니까?

이 책에서 당신은 미지의 개척지로 당당하게 나아가는 데 도움이 되는 통찰력과 지혜를 발견할 수 있을 것입니다. 여기에 수록된 시대를 초월하는 진리들은 당신을 견고한 기초 위에 삶의 닻을 내리도록 도울 것이며, 성공과 에너지가 넘치는 삶을 살게 할 것입니다.

contents 차례

머리말

1 세상은 당신의 최선을 원하지만 하나님은 당신의 전부를 원하신다 _ 16

2 달을 향해 쏴라. 비록 달을 맞추지 못하더라도 하나의 별에는 도달하게 될 것이다 _ 20

3 성공의 비결은 평범한 일을 비범하게 잘 해내는 것이다 _ 24

4 하나님이 미루는 것을 결코 거부로 생각하지 말라. 붙잡아라. 견고하게 붙잡아라. 인내는 비범한 재능이다 _ 28

5 모든 위대한 업적은 열정으로 성취된다 _ 32

6 가능한 한 모든 사람에게, 가능한 한 자주, 가능한 한 오래, 모든 방법으로 모든 선을 베풀어라 _ 36

7 일이란 항상 겉으로 보이는 것과 같지 않다 _ 40

8 필요악이란 것은 없다. 만일 어떤 일이 정말 필요하다면 그것은 악이 아닐지도 모른다. 만일 그것이 악이라면 그것은 필요하지 않다 _ 44

9   친구를 얻는 유일한 길은 하나가 되는 것이다 _ 48

10   오늘 당신이 마음속 깊이 알게 된 것은 장래에 큰 기쁨으로 드러날 것이다 _ 52

11   소수의 무리 중에 있을 때는 용기를 시험하고, 다수의 무리 중에 있을 때는 관용을 시험한다 _ 56

12   행복은 환경에 의해서가 아니라 자신의 내면에 의해 좌우된다 _ 60

13   내가 말하지 않았다면 결코 상처받지 않았을 것이다 _ 64

14   유혹으로부터 도망칠 때 여지를 남기지 말라 _ 68

15   지위란 당신이 좋아하지 않는 사람에게 깊은 인상을 주려고 필요없는 어떤 것을 사는 것이다 _ 72

16   꼭대기에 이르는 길은 밑바닥에서 벗어나는 것이다 _ 76

17   생각할 시간을 가져라. 그러나 일단 행동할 시간이 되면 생각을 멈추고 실행하라 _ 80

18   모든 일은 그것을 행하는 사람의 얼굴과 같다. 당신이 하는 일을 탁월하게 하라 _ 84

19　하나님 없는 세상은 길잡이 없는 미로와 같다 _ 88

20　낙심하지 말라. 모든 사람은 과거 출발했던 곳에서 현재의 지점에 이른 것이다 _ 92

21　돌볼 수 있는 능력이 인생에서 가장 깊은 의미를 준다 _ 96

22　가장 행복한 사람이 반드시 최상의 것을 갖는 것은 아니다. 그들은 다만 모든 것을 최상으로 만들 뿐이다 _ 100

23　자신의 가치를 알 때 무엇을 결정한다는 것은 어렵지 않다 _ 104

24　공손함은 아무 값 없이 멀리까지 간다 _ 108

25　참된 인격은 어둠 속에서 나타난다 _ 112

26　'아니오'라고 말할 줄 알자. 때로는 그것이 영어를 잘하는 것보다 더 유용할 수 있다 _ 116

27　다리에 도착하고 나서 건너라. 우리는 미처 도착하지 못한 다리를 건너려고 궁리하느라 낙심하며 인생을 허비한다 _ 120

28　할 수 없는 것을 분명하게 인식하라 _ 124

29 미래는 가능성을 미리 보는 자의 것이다 _ 128

30 행운이란 기회를 만날 준비를 어떻게 했느냐에 달려 있다 _ 132

31 게으름이 종종 인내로 오해된다 _ 136

32 실패할 원인이 되는 승리보다는 승리할 원인이 되는 실패를 하라 _ 140

33 근면을 이길 수 있는 가난은 없다 _ 144

34 하나님 없이 일생 동안 한 것보다 하나님과 함께한 한 시간에 더 많은 것을 성취할 수 있다 _ 148

35 인내는 성공의 위대한 요소다. 문이 열릴 정도로 충분히 크고 오래 두드린다면 누군가가 문을 열어 줄 것이다 _ 152

36 우표를 생각해 보라. 우표의 유용성은 목적지까지 우편물에 잘 붙어 있는 능력에 달려 있다 _ 156

37 다른 사람의 인격을 묘사할 때만큼 자신의 인격이 분명히 드러나는 때는 없다 _ 160

38 모든 사람의 작품은 그것이 문학이든 음악이든 그림이든 조각이든 간에 항상 그 사람의 초상화와 같다 _ 164

39 우리가 행위를 결정하는 만큼 우리의 행위 또한 우리를 결정한다 _ 168

40 과거에 문제가 있었다 할지라도 미래는 변화될 수 있다 _ 172

41 기다리는 자에게 모든 것이 온다 _ 176

42 패배는 최악의 실패가 아니다. 다시 해 보려고 하지 않는 것이야말로 진짜 실패다 _ 180

43 나는 성공의 비결은 모른다. 그러나 사람들이 실패의 원인을 알려고 한다는 것은 안다 _ 184

44 성공의 비결은 백조가 되는 것이다. 즉, 윗부분은 침착하고 부드러우나 아랫부분은 격렬하게 헤엄치는 것이다 _ 188

45 돈은 좋은 하인이지만 나쁜 주인이기도 하다 _ 192

46 인생은 동전과 같다. 동전은 원하는 대로 사용할 수 있지만 오직 한 번만 사용할 수 있다 _ 196

47 실패는 즐거운 방법을 원하지만, 성공은 유쾌한 결과를 원한다 _ 200

48 세상에서 가치 있다고 여기는 대부분의 것들이 실천하기 전까지는 불가능한 것으로 알려진 것이었다 _ 204

49 좋은 명성이 돈보다 가치 있다 _ 208

50 사람을 미워하는 것은 한 마리 벼룩을 없애려고 자신의 온 집을 불태우는 것과 같다 _ 212

51 좋은 성품은 미소를 낳고, 미소는 친구를 갖게 한다. 그리고 친구는 행운보다 더 낫다 _ 216

52 올바른 말과 거의 바른 말의 차이는 빛과 반딧불이의 차이다 _ 220

53 좋은 말씀은 가치가 있으나 비용이 거의 들지 않는다 _ 224

54 정말로 위대한 사람은 만나는 모든 사람에게 자연스럽고 솔직하고 정직하다 _ 228

55 썩은 사과는 옆에 있는 사과까지 상하게 한다 _ 232

56 어떤 이는 가치 있는 일을 성취할 꿈만 꾼다. 그러는 동안 다른 사람은 깨어서 그 꿈을 실행한다 _ 236

57 학교는 당신이 시험에 대비하기를 바란다. 인생에도 기말시험이 있다 _ 240

58 성공을 향해 가는 길에는 도중하차하도록 유혹하는 것들이 많이 있다 _ 244

59 성경에는 직업의 귀천이 없다. 어떠한 일도 천한 일이 아니다. 만일 그것이 마땅히 해야 할 것이라면 그것은 선한 일이다 _ 248

60 해야 할 일을 억지로라도 잘 감당하면 하고 싶은 일을 할 수 있는 날이 올 것이다 _ 252

61 진정한 자기 존중은 자신을 생각하지 않는 것이다 _ 256

62 성공하고자 단호하게 결심하는 것보다 더 중요한 것은 없다 _ 260

63 인내는 천재가 할 수 있는 어떤 것이라도 하게 하고, 천재가 할 수 없는 위대한 일도 하게 한다 _ 264

64 좋은 경청자는 어디서든지 인기 있을 뿐 아니라 뭔가를 얻기도 한다 _ 268

65 성공이 결코 최종적인 것이 아니고, 실패는 결코 치명적인 것이 아니다. 중요한 것은 용기다 _ 272

66 빈약한 눈은 당신의 시력을 제한하고, 빈약한 비전은 당신의 행위를 제한한다 _ 276

67 용서란 다른 사람을 벌할 수 있는 당신의 권리를 포기하는 것이다 _ 280

68 능력은 마치 세금 공제와 같다. 우리는 그것들을 사용하거나 잃어버릴 수 있다 _ 284

69 기도는 보이는 세상에서 사용할 수 있는 보이지 않는 무기다 _ 288

70 여러 번 시도하고, 시도하기를 포기하지 말라 _ 292

71 자신을 돕는 자가 전능하다는 것을 기억하는 사람은 절망하지 않는다 _ 296

72 인생에서 아무것도 행한 것이 없는 사람은 인생에서 별로 행한 것이 없는 사람을 판단할 자격이 없다 _ 300

73 용기 있는 한 사람이 다수를 만든다 _ 304

74 성경에는 '안전한' 성 관계를 묘사하는 단어가 하나 있는데, 그것이 바로 결혼이다 _ 308

75 호의를 입었을 때 "감사합니다"라고 말하고, 대화 도중에 끼어들 때는 "실례합니다"라고 말하라 _ 312

76 권세자에게 복종하라 _ 316

77 빌린 것을 제시간에 좋은 상태로 돌려주어라 _ 320

78 당신이 태어났을 때 당신은 울고 세상은 기뻐했다. 합당한 자세로 인생을 살아라. 그러면 당신이 죽을 때 세상은 울고 당신은 즐거워할 것이다 _ 324

미주

네 시작은 미약하였으나
네 나중은 심히 창대하리라 (욥 8:7)

1

· · · · · ·

세상은 당신의 최선을 원하지만
하나님은 당신의 전부를 원하신다

에릭 리들은 1924년 올림픽에서 100m 종목에서 우승하려고 여러 달 동안 마음을 다잡고 훈련해 왔다. 많은 스포츠 기자들은 그가 승리할 것을 예측했다. 그러나 육상 경기가 시작되고 난 후, 리들은 100m 경기 일정이 주일에 잡혀 있다는 것을 알게 되었다. 이것은 리들에게 큰 고민거리가 되었다. 왜냐하면 주일에 경기하는 것이 하나님을 영화롭게 하지 못한다고 믿었기 때문이다. 그래서 리들은 경기를 포기했고 그의 팬들은 깜짝 놀랐다. 과거에는 그를 칭송하던 사람들이 이제는 비난하기 시작했다. 마음을 바꾸어 경기에 출전하라는 강한 압력도 받았지만 리들은 굴하지 않고 꿋꿋하게 버텼다.

얼마 후 한 경주자가 주중에 열리는 400m 경기에 출전하지 못하게 되었다는 소식이 전해졌고, 그 선수 대신 리들이 경기에 출전하는 것이 어떻겠느냐는 제안이 들어왔다. 그러나 400m는 그의 주종목이 아니었다. 그것은 리들이 열심히 훈련해 왔던 100m 경기의 무려 네 배나 되는 거리였다. 그러나 리들은 그 경기에서 우승했고 47.6초라는 놀라운 기록을 세우면서 금메달을 목에 걸었다. 타협하지 않는 신앙이 이와 같은 놀라운 역사를 이룬 것이다.

그 후 리들은 중국 선교사로 가게 되었고, 1945년 중국의 한 전쟁 캠프에서 소천했다. 그는 올림픽에서 금메달을 딴 사람이라기보다는 내적 신앙의 기개를 지닌 사람으로 널리 알려지게 되었다.

> 예수께서 가라사대 네 마음을 다하고
> 목숨을 다하고 뜻을 다하여
> 주 너의 하나님을 사랑하라 하셨으니 (마 22:37)

'죽은 여자의 길'이라고 알려진 와미와누스카 (Warmiwa-nusca: 해발 4,200m 정도 되는 잉카 유적의 아주 높은 트레킹 코스)가 데브라 앞에 난공불락의 성채와 같이 거대한 모습을 드러냈다. 그 길은 똑바르게 보였는데 4,191m로 솟아 있었다. 데브라는 지그재그로 난 길을 좋아했다. 절반 정도 올라갔을 때 데브라는 고산병으로 첫 발작을 일으켰다. 그러나 되돌아갈 방법이 없었다.

> 미래의 가장 좋은 점은 하루에 한 가지씩만 온다는 것이다.

안내자는 "한 걸음에 3센티미터씩만 걸으세요." 하고 말하면서 천천히 걸으라고 했다. "다른 사람과 똑같이 보조를 맞추려고 하지 마세요. 하나님이 당신을 설계하신 대로 그 속도에 맞추어 가세요."

마침내 데브라는 정상까지 올랐을 뿐 아니라 페루의 잉카 유적지를 도는 4일간의 여행도 무사히 마쳤다. 40세가 된 두 아이의 엄마가 열두 살 때부터 품었던 꿈을 이루게 된 것이다. 데브라는 "만일 그 길이 어떻다는 것을 미리 알았더라면, 나는 결코 그 길을 가려고 하지 않았을 것이다."

라고 말했다. "정상에 올라갈 거라고는 전혀 생각지도 못했어요. 아마 올라가지 않았더라면, 내 생애 최고의 모험을 놓쳤을지도 몰라요."

새 출발을 하는 것은 큰 기대를 품고 모험하는 시기다. 그러나 하나님은 그분의 지혜 안에서 당신이 오늘만 볼 수 있도록 허락하신다. 당신이 인생에서 목표한 길을 가다가 높은 산봉우리와 깊은 계곡을 만난다 해도 낙심하지 말기를 바란다. 당신의 환경에서 잠시 눈을 돌려라. 당신의 그러한 모습을 설계하신 하나님을 새로운 눈으로 바라보아라. 그런 후 당신의 운명을 향해 한 번에 한 걸음씩 계속 나아가라.

> 그러므로 내일 일을 위하여 염려하지 말라
> 내일 일은 내일 염려할 것이요
> 한 날 괴로움은 그날에 족하니라 (마 6:34)

2

• • • • •

달을 향해 쏴라. 비록 달을 맞추지 못하더라도
하나의 별에는 도달하게 될 것이다

피터 버드가 호주의 거대한 암초에 가까이 다가갔을 때, 그는 뭔가를 할 만큼 충분히 용감했다. 그러나 마지막 14,468km를 남겨 둔 항해에서 두려워 구조를 요청하기에 이르렀다. 샌프란시스코에서 호주까지 태평양을 가로질러 혼자서 노를 저어 간다는 것은 일찍이 아무도 성취한 적이 없는 영웅적인 목표였다. 사나운 폭풍우로 인해 무섭게 일어나는 파도를 직면한 버드는 목표지를 단지 53km 남겨두고 구조를 요청했다.

결국 버드는 본래의 계획이 아닌 호주로 향하게 되었고, 그의 배는 해안으로 예인되어 가던 도중 파도에 의해 산산조각이 나버렸다. 버드의 구조 요청은 현명한 결정이었다.

그러나 버드는 자신의 항해 결과에 분명히 실망했을 것이다. 그렇지만 구조를 요청했다고 해서 혼자서 감행한 그의 시도가 덜 영웅적인 것이 되겠는가?

질문: "만일 실패하지 않으리라는 것을 알고 있다면 당신은 무엇을 하고 싶은가?" 이것은 공평한 질문이 아니다. 실패의 가능성이 전혀 없다면 거기에는 진정한 승리나 성취도 없을 것이다. 그러므로 "비록 당신이 실패할 수 있다 하더라도 시도하고자 하는 것은 무엇인가?"라는 질문이 제대로 된 것이다. 완벽을 목표로 한다고 해서 반드시 그 목표가 이루어지는 것은 아니다. 그것은 단지 올바른 방향을 향하도록 도와줄 뿐이다. 당신이 성취할 수 있는 것만 삶의 목표로 정해 놓았는가, 아니면 실패할 가능성이 있더라도 기꺼이 새로운 것을 시도하고 성장하고자 하는가?[1]

온전케 되며 (고후 13:11)

승리와 실패의 차이는 당신이 넘어졌을 때 한 번 더 일어설 수 있는 능력에 있다! 다음 성경에 나오는 인물들의 삶을 생각해 보라.

- 모세는 쉽게 포기할 수 있었다. 그는 어린 시절부터 '방해받았고' 양자로 살았다. 모세는 강한 기질이었고 더듬거리는 혀를 지녔으며 전과 기록도 있었다. 그러나 하나님이 모세를 부르셨을 때, 그는 "예" 하고 대답했다.

- 여호수아는 약속의 땅을 보았지만 들어갈 수 없는 상황이었다. 그는 원수를 정복하고 그 땅을 차지하리라는 믿음이 있었다. 그러나 그러한 믿음 없이 겁에 질려 있는 사람들과 40년 동안 광야에서 방황해야만 했다. 여호수아는 낙심하여 포기할 수도 있었다. 그러나 그는 하나님의 약속을 붙잡았다.

> 승리하는 사람은 경기에서 몇 번 제외될 수 있다. 그러나 그들은 심판의 말에 너무 개의치 않는다.

- 베드로는 어부에서 사도로 자연스럽게 변화된 것이 아니었다. 그는 물 위를 걷다가 물에 빠지기도 했고, 예수님께 십자가를 지지 말라고 이야기했다가 심한 책망을 듣기도 했으며, 예수님이 그를 가장 필요로 했을 때 예수님을 모른다고 부인하기까지 했다. 베

드로는 자신을 희망이 없는 실패자라고 볼 수도 있었다. 그러나 오순절에 수천 명 앞에서 하나님의 메시지를 선포할 기회가 왔을 때, 그는 이미 준비되어 있었고 기꺼이 그렇게 했다.

그동안 어떤 일을 했든지 무슨 실수를 했든지 또 어떤 잘못을 했든지 상관없다. 당신이 주저앉지 않고 포기하지 않으면 결코 실패자가 아니다.

> 대저 의인은 일곱 번 넘어질지라도
> 다시 일어나려니와 (잠 24:16)

3

성공의 비결은 평범한 일을
비범하게 잘 해내는 것이다

알렉산더 그래함 벨의 평생 바람은 귀먹은 사람의 의사소통을 돕는 것이었다. 그것은 아마도 그의 어머니와 아내가 둘 다 농아였기 때문일 것이다. 벨은 "귀먹고 벙어리인 사람이 말하도록 돕는 방법은 금속성 소리를 만드는 것이다."라고 말했다. 5년이라는 실패와 비참한 시절에도, 벨은 소리에 반응하여 진동하고 그 소리를 재생하여 다른 곳으로 보낼 수 있는 전선을 만들기 위해 여러 가지 기구를 사용하여 실험했다.

워싱턴DC를 방문했을 때, 그는 전기와 관련된 연구 분야의 개척자인 과학자 요셉 헨리를 만났다. 벨은 자신의 아이디어를 그에게 제시하고 도움을 구했다. 다른 사람에게 완벽한 전화기를 만들게 해야 하는가, 아니면 자기 혼자 힘으로 그것을 해내야 하는가? 벨은 자신이 전기 분야에 관한 지식이 부족하다고 말했지만, 헨리는 벨이 스스로 그것을 해낼 수 있도록 격려해 주었다. 헨리의 간단한 해결책은 "만일 당신에게 그 지식을 갖지 못했다면 그것을 얻도록 연구하라."는 것이었다.

그래서 벨은 전기를 연구했다. 전화에 대한 특허를 취득하는 동시에 전기에 대해 연구한 지 1년이 지나자, 특허 사무실의 직원들은 벨이 당시의 다른 발명자들보다도 전기에 대해 더 월등히 잘 안다고 인정하게 되었다.

열심히 일하고 공부하라. 희망을 품고 인내하라. 이러한 것은 모두 '평범한 것들'이다. 그러나 이것은 또한 비범하게 일을 잘할 수 있는 열쇠가 된다.

> 네가 자기 사업에 근실한 사람을 보았느냐
> 이러한 사람은 왕 앞에 설 것이요
> 천한 자 앞에 서지 아니하리라 (잠 22:29)

"좋아요, 하나님." 하고 베키가 기도했다. "오늘 오후는 하나님을 위해 따로 떼어놓았어요. 지금부터 저는 기도만 하면서 두 시간을 보내려고 해요." 베키는 이전에 하나님과 그렇게 오랫동안 이야기한 적이 없었다. 그렇게 오랜 시간 머무는 것이 어려울 거라고 생각한 베키는 기도할 필요가 있다고 느끼는 사람들의 기도 제목을 폭넓게 작성했다.

기도를 막 시작했을 때 베키는 친구 테리에게 전화를 해야겠다고 생각했다. 베키는 테리와 그 가족을 초대해 함께 점심시간을 보내고 싶었기 때문이다. 그러나 그들을 초대한 적이 한 번도 없었기에, 마음이 조금 산란해지며 두려움을 느끼자, 베키는 다시 기도 제목으로 돌아가고 싶었다. 그러나 테리가 계속 마음속에 떠올랐다. 다시 기도하려고 여러 번 시도했지만, 베키는 포기하고 테리에게 전화를 걸었다.

베키가 초대한다고 말하자 테리는 웃기 시작했다. 깜짝 놀란 베키는 자신이 말한 것이 큰 실례를 범한 것이 아닌지

> 복 되도다. 하나님이 역사하시는 길을 발견하고 그 방향으로 가는 사람이여.

걱정스러웠다. 그러자 테리가 다음과 같이 말했다. "바로 5분 전에 나는 평범하고 재미없는 파티를 하고 있었어. 그러면서 우리 교회에서는 왜 아무도 우리를 초대해 주지 않는가 하고 우울해 하고 있었어. 내가 막 남편에게 그런 이야기를 하려고 했는데 바로 그때 전화가 온 거야."

당신이 기도하는 목적을 하나님이 바꾸시도록 기꺼이 허락하겠는가? 그분의 시간은 항상 완벽하다. 오늘 당신이 기도할 때, 심지어 당신의 관심사를 그분께 이야기하는 동안에도 하나님이 당신의 마음에 말씀하시는 음성을 들을 수 있음을 확신하라. 하나님과 둘이 하는 대화를 즐길 수 있는데도 왜 일방적으로 혼자만 말하려고 하는가?

> 너희가 우편으로 치우치든지 좌편으로 치우치든지 네 뒤에서 말소리가 네 귀에 들려 이르기를 이것이 정로니 너희는 이리로 행하라 할 것이며 (사 30:21)

4

· · · · · ·

하나님이 미루는 것을 결코 거부로 생각하지 말라.
붙잡아라. 견고하게 붙잡아라.
인내는 비범한 재능이다

이야기 그림책의 저자인 '닥터 수스'로 널리 알려져 있는 시어도어는, 처음엔 그렇고 그런 예술가였다. 그는 '플릿(Flit)'이라고 부르는 유명한 살충제 광고 캠페인에 쓰일 '그 달의 생물'이라는 만화를 그렸다. 시어도어는 삽화 작업의 범위를 넓히고 싶었다. 그러나 불행하게도 광고 계약상 허락되지 않았고, 그는 아동용 책의 삽화를 그리면서 글을 쓸 수밖에 없었다.

이러한 시도가 27회나 거절당했을 때, 그는 『아무도 이길 수 없는 이야기』(*A Story No One Can Beat*)라는 원고의 출판 계획을 거의 포기해야 할 상황이었다. 원고를 태우려고 집으로 돌아오는 길에, 아동도서 출판사인 벙가드 출판사에 최근 채용된 동창생을 만났다. 이렇게 해서 『그리고 나는 그것을 멀베리 가에서 보았다고 생각한다』(And To Think It Began on Mulberry Street)로 이름을 바꾼 그의 첫 번째 책이 출판되었다.

아동도서 베스트셀러 작가인 시어도어 수스 가이젤(Theodor Seuss Geisel)의 화려한 경력은 이렇게 시작되었다. 그는 1984년에 소설 분야에서 퓰리처상을 수상했고, 여덟 개의 명예 학위도 받았다. 87세의 나이로 세상을 떠날 때까지 그의 책들은 2억만 부 이상 팔렸으며, 매주 1천5백 장 가까이 되는 팬레터도 받았다.[2]

당신은 얼마나 쉽게 빨리 포기해 버리는가? 당신이 새로운 방향으로 나아가기를 하나님께서 원하신다는 것을 절대적으로 확신하는 것은 어느 때나 가능하다. 결국 두 번째, 열 번째, 아니 스물일곱 번째까지 보류되었다가 갑자기 기대하지도 못했던 보상이 주어질지 누가 아는가?

> 내 형제들아 너희가 여러 가지 시험을 만나거든 온전히 기쁘게 여기라 이는 너희 믿음의 시련이 인내를 만들어내는 줄 너희가 앎이라 (약 1:2-3)

뉴욕 닉스와 NBA 올스타의 포워드(앞쪽에 위치한 선수)인 찰스 오클레이는 농구 선수 중에 가장 뛰어난 리바운더라는 명성을 가졌다. 아마도 그의 탁월한 스포츠 경력에 가장 크게 기여한 것은 그의 터프함이었을 것이다.

다른 프로 선수들은 부상이나 다른 이유로 자주 경기장 밖으로 나왔지만, 오클레이는 13년 넘는 선수생활 동안 경기장에서 극심한 어려움을 겪는다 해도 경기장 밖으로 나오지 않았으며, 부상당한 적도 몇 번에 불과했다. 오클레이는 종종 밀치거나 파울을 범했지만 게임마다 전력을 다했고 코트를 종횡무진 뛰어다녔다. 흘러가는 공을 잡으려고 몸을 날리기가 일쑤였고, 코트 가까이에서 방송하던 사람들이 놀랄 정도로 몸을 사리지 않고 경기에 열심히 임했다.

> 말도 재갈로 단속한 후에야 어디든지 이끌 수 있다. 방향도 없고 헌신과 훈련도 되지 않은 인생은 결코 위대하게 자라날 수 없다.

오클레이는 자신의 끈기와 에너지는 할아버지인 줄리우스 모스에게서 물려받은 것이라고 말한다. 할아버지는 알

라바마에서 직접 일하며 성공적으로 밭을 일군 농부였다. "다른 사람들은 할아버지보다 더 많은 농기구를 갖고 있었어요." 하고 오클레이는 말한다. "할아버지는 트랙터도 없었지만 훌륭하게 농사를 지으셨어요. 변명도 하지 않으셨고요." 1990년에 세상을 떠난 오클레이의 할아버지는 살면서 많은 상처와 고통이 있었다. 그러나 그것들을 아랑곳하지 않고 농사에만 전념했다. 오클레이는 일용할 양식을 얻고자 일하는 할아버지를 방해할 수 있는 것은 아무것도 없었다는 교훈을 얻었다.

인생의 목표에 초점을 맞추고, 헌신적이며 훈련된 사람은 평범한 인생과 위대한 인생의 차이를 만들 것이다.

> 운동장에서 달음질하는 자들이 다
> 달아날지라도 오직 상 얻는 자는 하나인 줄을
> 너희가 알지 못하느냐
> 너희도 얻도록 이와 같이 달음질하라 이기기를
> 다투는 자마다 모든 일에 절제하나니 (고전 9:24-25)

5

• • • • • •

모든 위대한 업적은 열정으로 성취된다

로마에서 실물 크기의 조각 작업을 여러 해 동안 했던 미켈란젤로가 플로렌스에 갔다. 그곳에는 거대한 조각들이 있는 멋진 카라라산 백대리석의 넓은 구획이 있었다. 그는 몇 주 이내로 성당에 기증할 다윗 상을 완성하기로 계약했다.

그는 계약을 맺는 즉시 일에 착수했고, 일에 몰두한 나머지 종종 옷을 입은 채로 잠들기도 했다. 옷을 벗거나 입는 데 드는 시간조차 아까워할 정도였다. 그는 완벽할 정도로 세밀하게 검토했고, 어떤 자세가 잘 맞을지 정확하게 측정했다. 가능한 모든 자세들을 스케치했고, 모델을 보고 주의 깊게 상세한 그림을 그렸다. 그리고 우선 자신의 아이디어를 작은 모형으로 만들어 테스트해 보았다. 자신의 설계에 만족하게 되었을 때에야 비로소 정과 망치를 들고 작업하기 시작했다.

미켈란젤로는 동일한 열정으로 시스티나 성당의 천장 그림을 그렸다. 딱딱한 판 위에 불편한 자세로 누워서 둥근 천장 아래의 숨 막히는 공기를 들이마시며 작업하는 동안, 그는 회반죽 먼지 때문에 눈에 염증이 생기고 피부가 상하는 고통을 겪었다. 작업을 하는 4년 동안 미켈란젤로는 땀으로 뒤범벅이 되었고 육체적으로 극심한 고통을 겪었다.

만일 당신이 하는 일에 열정이 없다면 뭔가 자신의 열정을 쏟을 수 있는 일을 찾아라. 당신은 직업을 바꿀 수 없을지도 모른다. 그러나 언제든지 취미를 발견하고 재능을 개발하거나 기술을 연마할 수 있다. 이러한 추구는 삶의 기쁨을 놀라울 정도로 증가시킨다.

> 여호와를 기뻐하는 것이 너희의 힘이니라
> (느 8:10)

파블로 피카소와 한 미군 병사가 우연히 만난 것에 대한 일화가 있다. 그 두 사람은 어느 페르시안 카페에서 술 한 잔을 하기로 했다. 그들은 곧 예술에 관한 이야기로 화제를 바꾸었다. 피카소는 자신이 아는 예술 스타일에 대해 병사에게 설명하려고 애썼다.

그런데 병사는 "나는 현대 예술을 좋아하지 않습니다." 라고 말했다. 피카소가 그 이유를 묻자 병사는 현대 예술이 실재적이지 않기 때문이라고 말했다. 그는 상상으로 그린 것보다 실제로 보이는 모습을 그대로 그린 그림을 더 좋아한다는 것이었다.

> 세상은 실재보다 겉모습에 의해 지배된다.

피카소는 아무 말도 하지 않았다. 어색한 침묵을 깨기 위해 병사는 미국으로 돌아간 자신의 여자친구 사진 몇 장을 지갑에서 꺼내 보여 주었다. 피카소는 그 사진들을 들여다보았다. 그러고 나서는 그 사진 중 한 장을 손에 들고 이렇게 말했다. "참 좋군요. 여자친구가 실제로 이렇게 작은가 보죠?" [3]

인생의 모든 상황은 여러 가지 관점과 다양한 각도로 볼 수 있다. 그렇지만 오직 한 가지 참된 실재가 있는데, 그것은 바로 하나님의 관점에서 인생을 보는 것이다. 모든 평범한 일상의 화폭 뒤에는 영원한 더 큰 그림이 감춰져 있다. 비록 당신이 그것을 볼 수 없다고 해도 그것은 항상 거기에 있다.

> 이것들은 장래 일의 그림자이나 몸은 그리스도의 것이니라 (골 2:17)

6

· · · · · ·

가능한 한 모든 사람에게, 가능한 한 자주,
가능한 한 오래, 모든 방법으로 모든 선을 베풀어라

    그 음식점은 사람이 거의 없었다. 웨이터는 리사와 리사의 할머니를 홀로 있는 사업가 옆에 앉혔다. 그 사업가는 신문을 읽으면서 천천히 점심을 먹고 있었다. 리사는 당황하기 시작했다. 할머니가 알츠하이머병(치매)을 앓고 있었기 때문이다. 병의 특성상 할머니는 이상한 행동을 자주 하셨는데 리사는 할머니의 그런 행동에 익숙해져 있었다. 그러나 그녀가 아닌 다른 사람, 즉 옆에 앉은 그 사업가가 할머니를 이해해 줄 것이라는 확신이 없었다.

  앉자마자 할머니는 리사에게 투정을 부리기 시작했다. "이 음식 값을 어떻게 내지? 나는 돈이 없는데. 그럼 누가 내 음식 값을 내주지? 나는 여기서 움직이면 안 돼. 나는 짐 덩어리야. 왜 나를 죽게 내버려 두지 않니?"

리사는 할머니를 두려움에서부터 진정시키고자 여러 주 동안 계속된 같은 투정에 인내하며 지냈다. 그렇게 40분이 지나갔다. 리사는 옆에 앉아 있는 사업가가 신경이 쓰였다. '저분은 아마 화를 참고 있는 중일거야.' 리사는 생각했다. '할머니가 저분을 짜증나게 하고 있는 게 틀림없어.'

리사는 사업가가 보던 신문을 접고 떠날 준비를 하는 것을 보고서야 안심했다. 그런데 놀랍게도 그가 그들의 테이블 쪽으로 오고 있는 것이 아닌가. 리사는 할머니가 그를 짜증나게 한 것에 대해 사과하려고 했다. 그런데 그 사람은 오히려 리사를 보고 미소를 지으면서 이렇게 속삭였다. "내가 나이가 더 들었을 때 너 같은 손녀가 있었으면 좋겠구나." 아주 작은 친절한 행동이 한 사람의 삶에 큰 변화를 만들어낼 수 있다. 오늘 당신이 베풀 수 있는 친절의 기회에 당신의 눈과 마음을 열어 두어라.

> 오직 선을 행함과 서로 나눠 주기를
> 잊지 말라 이같은 제사는
> 하나님이 기뻐하시느니라 (히 13:16)

그 지역에 사는 아이들 중에는 아무도 그리어 부인이 왜 그렇게 아이들에게 못되게 구는지 알지 못했다. 아이들이 분명하게 아는 것은 그리어 부인이 아이들을 싫어한다는 것이다. 만일 공이 부인의 집 뜰로 굴러 들어가면 아이들은 그 공을 단념해야 했다. 그리어 부인의 집을 한 번이라도 노크해 본 아이라면 다음에 또 다시 그 집을 노크하려고 하지 않았다.

> 만일 상황을 바꿀 수 없다면 당신의 태도를 바꿔라.

하루는 화가 난 그리어 부인이 스프링클러를 틀었다. 잔디밭에 물을 주려는 것이 아니라 집 앞에 물을 뿌려서 그녀의 집 앞에서 아이들이 자전거 타는 것을 못하게 하려는 것이었다.

결국 아이들은 그 길을 지나지 못하게 되었고, 가장 좋아하는 놀이도 못하게 되었다. 그때 한 아이의 얼굴에 미소가 번졌다. 그 아이는 귓속말로 자신의 아이디어를 다른 아이들에게 속삭였다. 그러자 다른 아이들의 얼굴에도 미소가 번졌다. 아이들은 각자 맡은 역할을 가지고 집으로 달려갔다. 구름 한 점 없이 화창한 날, 아이들은 우비를 입은 채 자전거를 가지고 그리어 부인의 집 앞으로 왔다. 스프링클러로 뿌려지는 물 사이를 자전거를 타고 노는 것은 본래의 게임보다 한층 더 재미있는 놀이였다.

당신이 어려운 상황에 직면했을 때 어떤 것을 결정할지는 당신의 몫이다. 어려운 상황은 그리어 부인이 한 것처럼 괴로움을 만들어 당신의 기쁨을 앗아가게 할 수도 있지만, 당신은 그 상황 가운데서 창의성을 발휘하여 새로운 방향으로 나아갈 수도 있다. 당신이 전혀 기대하지 못했던 새로운 자신을 발견하고, 새로운 기회에 대해 도리어 감사하게 될지는 아무도 모른다.

> 우리가 알거니와 하나님을 사랑하는 자 곧 그 뜻대로 부르심을 입은 자들에게는 모든 것이 합력하여 선을 이루느니라 (롬 8:28)

7

• • • • • •

일이란 항상 겉으로 보이는 것과 같지 않다

도나와 길리안은 하와이로 1년 이상의 여행을 계획했다. 그러나 가장 친한 친구의 예상치 못한 죽음으로 인해 모든 여행을 계획대로 할 수 없게 되었다. 그들은 일정을 중단하고 공항으로 달려갔다. 그들은 장례식에 참석하지 못할 것 같아서 티켓을 바꾸려 했으나 그럴 수가 없었다. 그들은 곧바로 떠나야만 했다.

비행기가 첫 주간 다음에서 연착되었다. 이른 시간에 연결되었지만 한밤중에서야 이륙했다. 도나는 답답함에 화가 치밀었다. "장례식에 참석해야 하는데 이게 뭐야. 비행기에 갇혀서!" 하고 중얼거렸다. 비록 해변에서 보낸 한 주간으로 기분이 약간 가벼워지기는 했지만, 도나와 길리안의 짜증은 지체된 비행기에 쏟아졌다.

그런데 공항에 도착한 직후, 그들은 한 여인이 "내 아기가 숨을 안 쉬어요!" 하고 울부짖는 소리에 깜짝 놀랐다. 도나 외에는 아무도 움직이지 않았다. 간호사인 도나는 무엇을 해야 할지 정확히 알고 있었다. 도나는 아기에게 심폐기능소생술(CPR)을 시행했고, 구급차가 도착할 때까지 아기의 엄마를 진정시켰다.

만일 그들이 그 전 주에 비행기를 탔더라면, 그들은 그 엄마와 아기를 돕지 못했을 것이다. 때로 상황이 무의미하게 보이거나 반대로 꼬이는 것 같을지라도 하나님은 모든 것을 계획하고 계신다. 그 가운데서 당신의 역할을 발견하는 것은 얼마나 놀라운 특권인가!

> 나의 보는 것은 사람과 같지 아니하니
> 사람은 외모를 보거니와
> 나 여호와는 중심을 보느니라 (삼상 16:7)

캐럴은 책을 읽으려고 하다가 걱정거리를 날려 버리려고 시간을 내 드라이브를 하기로 했다. 주차장에서 나오려는데 한낮에 뇌우가 쏟아지는 천둥소리가 들렸다.

길 아래로 내려가는데 한 남자와 두 어린아이가 갑작스럽게 내리는 비를 맞으며 떨고 있었다. 그는 주저하며 캐럴의 차에 엄지손가락을 내뻗었다. 캐럴은 히치하이커(hitchhiker: 자동차 편승 여행자)를 태워준 적이 한 번도 없었지만, 도움이 필요한 사람을 그냥 지나칠 수가 없었다.

> 복되도다! 납득할 수 없고 무의미하게 보이는 인생 속에서도 하나님의 손길을 보는 사람이여.

"제 차가 동물원 주차장에서 고장났어요." 하고 그 낯선 사람이 말했다. "전화기가 있는 곳으로 데려다 주실 수 있겠어요? 카페에서 우리를 기다리는 사람에게 전화해야 하거든요." 그녀는 시간적 여유가 있기에 그들을 근처 레스토랑까지 태워 주려고 했다.

가는 동안 그 사람은 자신의 인생에서 얼마나 많은 비극을 겪어 왔는지, 그리고 하나님이 어떻게 그 가운데서 역사하셨는지에 대해 이야기했다. 목적지에 도착했을 때, 그 사람은 이렇게 말했다. "하나님은 고통스런 상황에서 기적을 베푸십니다. 당신은 하나님께 너무나 특별한 존재입니다. 하나님이 당신을 축복하실 겁니다!"

동물원으로 되돌아오는 길에 캐럴은 놀라지 않을 수 없었다. 왜 그 사람은 동물원에서 전화하지 않고 히치하이킹을 했을까? 아마도 캐럴이 그날 개인적으로 하나님의 음성을 들어야 했기 때문일 것이다. 그것은 넘치는 축복이었다.

> 내가 너와 함께 있어
> 네가 어디로 가든지 너를 지키며 (창 28:15)

8

• • • • • •

필요악이란 것은 없다. 만일 어떤 일이 정말
필요하다면 그것은 악이 아닐지도 모른다.
만일 그것이 악이라면 그것은 필요하지 않다

17세기에 스코틀랜드의 에든버러는 가까운 지역에 사는 귀족과 농부들로 붐볐다. 스코틀랜드의 도시는 언덕 위에 세워졌으며 많은 내부 계단이 도시의 문 아래로 나 있었다. 각 계단 혹은 '통로'는 정문이 그쪽으로 나 있는 사람들이 이용했다. 각 통로에는 꼭대기와 맨 아래쪽에 문이 있어, 밤에는 치안을 위해 그 문을 닫았다. 그런데도 전염병이 그 내부로 파고들었다.

낮은 지대의 농촌 지역에 전염병이 퍼졌다는 소식을 듣고 에든버러는 외부와 차단하기 위해 도시의 문들을 철저히 막았다. 그러나 곧 도시 내부인 마리 킹의 통로에서 작은 전염병이 발생했다. 질병이 더 번지는 것을 막기 위해 그 도시에 사는 아버지들은 단순하지만 가혹한 결정을 내렸다.

즉, 4백 명이 거주하는 마리 킹의 통로를 폐쇄해 버린 것이었다. 그들에게는 어떠한 음식이나 물도 제공되지 않았고, 모든 것이 잠잠해질 때까지 그들의 고통스런 외침은 무시되었다. 마리 킹의 통로는 오늘날까지도 폐쇄되었고, 손쉬운 해결책으로 인해 죽음을 맞이한 이들을 기념하는 장소가 되었다.

어떤 어려운 결정을 해야 할 때 그저 단순히 가장 빠른 해결책을 선택하기보다는 가장 최선의 해결책이라는 확신이 들 때까지 시간을 가져라.

> 여호와께서 이같이 말씀하시되
> 너희는 길에 서서 보며
> 옛적 길 곧 선한 길이 어디인지
> 알아보고 그리로 행하라
> 너희 심령이 평강을 얻으리라 (렘 6:16)

아투로 토스카니니는 위대한 오케스트라 지휘자 중의 한 사람이었다. 9년간 첼로를 공부한 파르마 음악학교에서 동료들은 그를 '천재'라고 불렀고, 날카로운 비평 감각으로 인해 '가위'라는 별명도 얻게 되었다. 그는 유럽에서 수년간 활동한 후 새로 창설된 NBC 교향악단을 지휘할 기회를 갖게 되었다.

뉴욕에 도착하기 전 토스카니니는 고향인 이탈리아 밀라노의 라디오 단파 방송을 통해 NBC 교향악단 연주를 듣게 되었다. 절대 음감을 지닌 그는 대서양을 건너서 들려온 방송이었지만, 1번 클라리넷 연주자가 나머지 오케스트라 단원과 맞지 않음을 식별할 수 있었다. '가위'라는 별명을 가진 사람이기에 쉽게 그 연주자를 비판하고 다른 사람으로 교체할 수도 있었지만, 그는 그렇게 하지 않고 권면했다. 토스카니니와 함께한 후에 그 연주자는 세계 최고의 클라리넷 연주자가 되었고, NBC 교향악단에서도 17년간이나 머물렀다.[4]

> 많은 사람이 권면을 받으나 오직 지혜로운 사람만이 그로 인해 유익을 얻는다.

평범한 사람이 때로 다른 사람의 권면을 받으면 탁월해질 수 있다. 모든 사람에게는 강점과 약점이 있다. 한 사람의 재능을 다른 사람의 재능과 비교하는 것은 마치 사과와 오렌지를 비교하는 것과 같다. 그것들은 단지 다르게 만들어졌을 뿐이다. 당신은 당신의 강점에서 나오는 지혜를 다른 사람들과 나누고 다른 사람들의 지혜를 들을 때 성장하게 된다. 당신은 지금 바로 사용할 수 있는 누군가의 권면이 있는가?

> 교만에서는 다툼만 일어날 뿐이라
> 권면을 듣는 자는 지혜가 있느니라 (잠 13:10)

9

• • • • •

친구를 얻는 유일한 길은
하나가 되는 것이다

메리 레녹스는 그리 사랑스런 아이가 아니어서, 어느 누구도 결코 그 아이를 돌보지 않았다. 그것은 그리 이해하기 어려운 일이 아니었다. 부모에게 무시당하고 하인의 손에서 자란 메리는 인도 밖에서 사는 인생이 어떤 것인지에 대한 개념이 전혀 없었다. 다른 아이들은 메리를 '고집불통 메리 아가씨'라고 불렀는데, 그것은 메리가 나누어 주는 것을 싫어했고 언제나 자기 식대로 주장했기 때문이다.

아홉 살 때 부모가 콜레라로 죽자 메리는 영국의 삼촌 집으로 가게 되었다. 하지만 메리의 성격은 전혀 나아지지 않았다.

그런데 메리가 언제부터인가 점차 변하기 시작했다. 자신이 얼마나 외로운지를 알게 된 그녀는 정원을 돌보는 로빈에게 친구가 되어 달라고 했다. 메리는 존중하는 태도로 하녀를 대하기 시작했고 하녀의 남동생인 디컨의 정직함이 마음에 든 그녀는 그의 권면을 구하기 시작했다. 메리는 심지어 자신의 비밀 정원을 디컨에게 보여 주기까지 했다. 결국 메리는 절름발이 사촌인 콜린이 두 손으로 인생을 담대히 살아가도록 확신을 주게 된다. 『비밀의 화원』(The Secret Garden)의 마지막 장에서 메리의 변화는 완성된다. 메리는 자신에 대해 만족하고 친구들에 둘러싸여 행복했다. 친구를 얻기 위해서는 먼저 친구가 되고자 결심해야 한다.

> 어떤 친구는 형제보다 친밀하니라 (잠 18:24)

작은 개가 차에 치여서 도로 밖으로 던져져 있었다. 마침 그곳을 지나던 한 의사가 그 개를 발견했는데 개가 아직 살아 있는 것을 보고는 차를 태워 집으로 데려갔다.

의사는 개를 자세히 진찰해 보고는, 단지 약간의 상처와 찰과상을 입었다는 것을 알았다. 의사는 상처를 깨끗하게 씻겨 주고 임시 거처를 마련해 주고자 그 개를 차고로 데리고 갔다.

> 크리스천은 믿음을 가져야 한다.
> 그러나 그 믿음을 자신만 간직하면 안 된다.

그런데 갑자기 그 개가 꿈틀대더니 그의 품에서 벗어나 바닥으로 뛰어내려 재빨리 도망쳐 버렸다. "거 참, 배은망덕한 놈일세." 하고 의사는 중얼거리며 자신을 치료해 주고 돌봐 준 것에 대해 감사하지 않는 그 개에게 다소 화가 났다. 하지만 개가 매우 빨리 회복된 것이 기뻤다.

의사는 다음 날 저녁 때가 되자 그 일을 더 이상 생각하지 않았다. 그런데 그때 밖에서 긁는 소리가 들렸다. 문을 열자 그 개의 옆에 다른 상처 입은 개가 있는 것이 아닌가. 그 개는 다른 상처 입은 개를 데리고 돌아온 것이다.

용기를 가져라! 당신이 누군가의 삶에 하나님의 사랑을 베풀었는데도 아무런 변화를 볼 수 없고, 그가 다른 사람에게 아무런 사랑을 베풀지 않는 것 같아도, 당신이 베푼 하나님의 사랑을 받은 사람은 결코 예전과 같지 않을 것이다.

또 가라사대 너희는 온 천하에 다니며
만민에게 복음을 전파하라 (막 16:15)

10

· · · · ·

오늘 당신이 마음속 깊이 알게 된 것은
장래에 큰 기쁨으로 드러날 것이다

트레버는 예배드릴 때 조용히 앉아 주의를 집중해야 한다는 것을 알고 있었다. 그러나 그는 온 신경이 뱃속에서 나는 꾸르륵 소리에 집중되었다. 그래서 눈을 감고 심호흡을 하면서 참으려고 애썼다. 그러나 갑자기 불가피한 일이 일어날 것 같은 두려움을 느꼈다. 트레버의 안색이 창백해진 것을 감지한 엄마는 "트레버, 왜 그래?" 하고 속삭였다.

트레버는 "배탈이 난 것 같아요!" 하고 대답했다. 엄마는 화장실이 교회 뒤쪽에 있다고 재빨리 알려 주었다. 트레버는 얼른 일어나 뒤쪽으로 달려갔다. 그런데 화장실에 간 그가 너무 빨리 돌아오자 엄마는 다소 걱정이 되었다. "트레버, 화장실에 갔다 온 거니?"

트레버는 미소를 지으며 "아니오, 가지 않았어요. 교회 뒤쪽 문 근처에 작은 상자가 있는데 '병자를 위해'라고 쓰여 있었어요."[5]

당신은 어린아이였을 때 무엇을 걱정했는가? 옷장에서 괴물이 나올까봐 걱정했는가? 반에서 키가 가장 작을까봐, 아니면 키가 가장 클까봐 걱정했는가? 두 발 자전거를 정말 탈 수 없을까봐 걱정하지는 않았는가? 나이가 들면서 우리는 어린 시절에 느꼈던 두려움을 아주 우스울 정도로 작게 여긴다. 그러나 어린 시절에는 그것들이 너무나 크게 보였다.

오늘 당신이 큰 짐으로 여기는 문제들에도 이와 같은 지혜를 적용해 보자. 당신 앞에 있는 조그만 언덕은, 단지 당신이 지금 그곳에 서 있기 때문에 지평선 너머에 있는 산보다 더 크게 보이는 것이다.

> 우리의 잠시 받는 환난의 경한 것이
> 지극히 크고 영원한 영광의 중한 것을
> 우리에게 이루게 함이니 (고후 4:17)

베스는 들판에 있는 야생화에 카메라 초점을 맞추었다. 멀리서 보면 그것은 자줏빛 단색의 담요같이 보이지만 가까이서 보면 각각의 꽃이 합성된 것 같았다. 그러나 각각의 꽃은 잎과 받침대가 독특하게 결합되어 있었다. 베스는 필름을 다 사용하고 하루 일정을 마쳤다.

그녀는 야생화 사진을 확대하고서야 발견한 것이 있었다. 그것은 각각의 자줏빛 작은 꽃잎이 연필에 달린 지우개보다 크지 않았고, 거기에는 또 하얀 고리가 달려 있다는 사실을 확대된 모습에서는 각 고리 자체가 연필심만한 크기로 작은 원형의 흰 꽃 모양을 이루고 있었다. 만일 확대해 보지 않았더라면 이러한 야생화의 정교한 아름다움을 알아채지 못하고 그냥 지나쳤을 것이다.

> 우주의 경이로움에 대해 많이 알면 알수록 하나님의 손길을 더 분명하게 느낄 것이다.

하나님이 곳곳에 짜놓은 감추어진 아름다움, 즉 먼 곳의 별들, 혈액 세포, DNA 구조 등은 너무 작아서 사람의 눈에는 보이지 않는다. 하나님은 왜 사람의 눈에 보이지도 않는 이러한 불필요한 일들을 하시는 것일까? 당신이 우주의 창조자라면 왜 그러한 일을 하겠는가?

르네상스 시대에 예술가들은 교회를 위한 조각상을 뒷부분까지 세밀하게 완성했다. 그들은 오직 하나님이 보신다는 사실을 알고서 그렇게 한 것이다. 마찬가지로 하나님은 결과뿐 아니라 창조의 행위 가운데서 기쁨을 취하신다. 하나님은 가장 소중한 피조물로서 당신 자신의 모든 부분에 대해 기뻐하신다.

> 믿음으로 모든 세계가 하나님의 말씀으로 지어진 줄을 우리가 아나니 보이는 것은 나타난 것으로 말미암아 된 것이 아니니라 (히 11:3)

11

· · · · · ·

소수의 무리 중에 있을 때는 용기를 시험하고,
다수의 무리 중에 있을 때는
관용을 시험한다

라울 발렌베르크는 1940년대에 스웨덴의 외교관이었다. 비록 제2차 세계대전의 대학살로 많은 사람들의 목숨이 위협받았지만, 그는 그들 중 한 명이 아니었다. 스웨덴 정부를 위해 그가 하는 일로 인해 그를 안전하고 특권 있는 지위에 있게 했다. 그러나 발렌베르크는 헝가리에 있는 유대인들을 구하고자 했다.

사업 관계로 헝가리와 연관이 있었던 그는 가짜 여권을 발행하는 사무실을 개설하여 가짜 여권을 만들어 줄 뿐만 아니라 그 사람들을 위한 안전한 집과 식당, 병원 등을 세웠다. 한 번은 죽음의 형무소로 가는 기차에 실린 유대인들을 보고, 그들 중 여권이 있는 사람들은 모두 기차에서 내리라고 했다. 시력 검진서, 운전면허증, 심지어 추방 서류 등 어떤 종잇조각이든 흔들도록 했다. 그는 그러한 모든 것을 여권으로 간주하여 3백 명의 목숨을 구했다. 전쟁 기간 동안 단지 그것이 옳은 일이라고 느꼈기에 약 2천 명의 헝가리계 유대인들을 외교적으로 보호했던 것이다.[6]

하나님은 영웅처럼 보이지 않는 사람들을 선택하신다. 다윗을 취하여 골리앗과 싸우게 하셨을 때, 다윗의 손에는 한 줌의 돌멩이밖에는 없었다. 또 바로의 궁에서 특권을 누리며 안전하게 지내던 모세도 이스라엘을 인도하게 되었다. 그것은 단지 하나님이 그에게 명령하셨기 때문이다. 비록 그것이 아주 극적이거나 훌륭하게 보이지 않더라도 올바른 일에는 용기가 따른다. 당신 안에도 하나님이 감추어 두신 영웅이 있는가?

> 깨어 믿음에 굳게 서서 남자답게
> 강건하여라 너희 모든 일을
> 사랑으로 행하라 (고전 16:13-14)

다음 목록의 책과 저자들의 공통점은 무엇인가?

- 『타잔』(*Tarzan*), 에드거 라이스 버로우(Edgar rice Burroughs)
- 『이상한 나라의 앨리스』(*Alice's Adventures in Wonderland*), 루이스 캐럴(Lewis Carroll)
- 『신곡』(*The Divine Comedy*), 단테(Dante)
- 『그림 동화』(*Grimm's Fairy Tales*), 그림 형제(Brothers Grimm)
- 『베니스의 상인』(*The Merchant of Venice*), 윌리엄 셰익스피어(William Shakesp-eakespeare)
- 프란시스 베이컨(Francis Bacon), 미구엘 드 세르반테스(Miguel de Cervantes), 소크라테스(Socrates), 존 칼빈(John Calvin), 마르틴 루터(Martin Luther), 그리고 호머(Homer)의 작품들
- 『마더구스』(*Mother Goose*), 『성경』(*The Bible*)

> 마음은 무엇을 먹느냐에 따라 성장한다.

정답은 이러한 책들과 저자들은 역사상 어느 시점에서 금기시되었다는 것이다. 만일 이런 책을 갖거나 읽기로 작

정했다면 그 사람은 목숨까지 위험했다. 그러나 오늘날은 그렇지가 않다. 스스로 무엇을 읽을지, 무엇을 볼지, 무엇을 들을지, 무엇을 주장할지 혹은 반대할지를 결정한다.

그러나 더 큰 자유에는 더 큰 책임이 따른다는 부모의 훈계는 여전히 옳다. 당신이 어떤 의견을 결정할 때 어떤 것이 가장 크게 작용하는가? 당신의 배짱 있는 행동인가, 일반적인 여론인가, 누군가의 의견이 당신과 다를 때 당신은 어떻게 반응하는가? 상대방을 몹시 비난하는가, 위협을 느끼는가, 아니면 사랑으로 경청하는가? 당신은 자신이 믿는 것을 신중히 생각하고, 많은 사람들의 지지를 얻거나 아니면 홀로 맞서야 할 것이다.[7]

" 영의 생각은 생명과 평안이니라 (롬 8:6) "

12

행복은 환경에 의해서가
아니라 자신의 내면에 의해 좌우된다

카라는 기차의 창문에 얼굴을 대고 있었다. 해는 이미 오래 전에 졌지만 그녀는 하나라도 놓치고 싶지 않았다. 이것이 카라의 첫 이집트 여행이었는데, 그녀의 고향 캘리포니아와는 모든 것이 달라 보였다.

그날 아침 욕실에서 샤워기를 틀자 커다란 바퀴벌레들이 기어 나왔고 헤어드라이기를 켜자 거실 전체의 전기가 나가 버렸다. 이집트는 다른 나라처럼 기분이 좋지 않았다. 마치 다른 세계에 와 있는 것 같았다.

어스름한 사막을 수마일 걷자 그녀의 눈은 깜빡거리는 불빛 행렬에 이끌렸다. 행렬이 가까워졌을 때 카라는 텐트에 둘러싸인 모닥불을 보았다. 많은 남자들이 근처에서 활

기차게 웃고 있었다. 어린 소년이 모닥불에 비추어 책을 읽고 있었고, 그 옆에서는 낙타가 불꽃을 즐기고 있었다. 자신의 또래쯤 되어 보이는 소년이 기껏 이 모닥불에 비추어 숙제를 하고 임시 거처에서 잠을 잔다는 생각을 하니 그녀는 소년에게 미안하다는 생각이 들었다. 카라는 그 소년의 모습을 되새겨 보았다. 저렇게 만족스런 미소를 짓고 있는 자와 누가 다툴 수 있겠는가?

환경은 수시로 변한다. 만일 당신의 행복이 주변 상황에 좌우된다면 그것은 그리 오래가지 못한다. 그러나 당신의 기쁨이 내면에서 솟아나는 것이라면 어디를 가든지 기쁠 것이다.

> 내가 비천에 처할 줄도 알고
> 풍부에 처할 줄도 알아 모든 일에
> 배부르며 배고픔과 풍부와 궁핍에도
> 일체의 비결을 배웠노라 (빌 4:12)

트리나와 히더는 바닷가 근처에 조심스럽게 해변용 의자를 두었다. 그들의 발이 바닷물에 잠길 정도가 되도록, 그러나 책에 소금기 많은 파도가 튀지 않을 정도로 거리를 두었다. 가족들과의 여행이 3일째 되던 날 그 둘은 그들이 생각한 대로 의자를 두었다.

한번은 히더가 독서하고 있는 트리나 옆에 앉았다. 그런 다음 트리나가 바다를 바라보는 사이에 히더가 해변으로 끌려 들어갔다. 히더 쪽으로 파도가 덮친 것이다. 바닷물이 입으로 들어와 기침을 하며 모래 더미에 눌려 옷이 벗겨졌다. 터져 나오는 웃음을 참지 못해 마구 웃다가 가까스로 킥킥거리는 트리나를 향해 히더는 "언니는 젖지도 않다니! 공평하지 않아!" 하고 소리쳤다.

> 하나님을 믿는다는 것은 공정한 법칙이 있다는 것과 놀라운 일들이 많다는 것을 아는 것이다!

때로 삶은 공평하게 보이지 않을 수 있다. 어떤 사람은 작은 파도에 피해를 입는데, 어떤 사람은 해변에서 편하게 즐기기도 한다. 어떤 사람은 복권에 당첨되는가 하면, 어떤 사람은 재정적인 파산을 겪는다. 어떤 사람의 의료검진 결과는 좋지 않은 상태로 나오는가 하면, 어떤 사람은 좋게 나온다.

하나님은 당신이 행복하든 불행하든 항상 당신과 함께하신다. 뜻밖의 문제에 부딪혔을 때 하나님께로부터 멀어지든지, 아니면 더 가까워지든지 하는 것은 당신의 상황보다는 당신의 마음에 달려 있다.

> 내가 곧 길이요 진리요 생명이니 (요 14:6)

13

· · · · ·

내가 말하지 않았다면 결코
상처받지 않았을 것이다

한젊은 법관이 법대를 졸업하고 일을 시작한 첫날, 커다란 만족감을 느끼며 새로운 사무실에 편안하게 앉아 있었다. 그는 이런 순간을 즐기고자 오랫동안 열심히 공부했던 것이다. 젊은 법관은 한 가망 고객이 문 쪽으로 오는 것을 보고는 열정적이고 바쁘게 일하는 모습을 보이고자 애썼다.

법률 서류를 펴고 펜을 든 그는 전화기를 들어서 턱에 괴고는 뭔가를 급히 적기 시작했다. "이봐 헤리, 그 합병 건이 성사되었어." 하고 통화하는 척했다. "나는 그 회사를 경영하고 개인적으로 다루는 것이 좋다고 생각해. 그래. 아니, 3백만 달러로는 해결되지 않을 것 같아. LA에서 스미스를 우리가 만나야 해. 좋아. 나한테 보내."

그는 전화를 끊고 펜을 내려놓고는 그 고객을 쳐다보았다. 그런 다음 손을 내밀고 아주 정중하지만 법관으로서 확신에 찬 목소리로 이렇게 말했다. "안녕하십니까? 뭘 도와드릴까요?" 그러자 그 고객은 이렇게 말했다. "실은 제가 지금 법관님의 전화를 설치하려고 왔거든요."

다음과 같은 오래된 속담이 있다. "입을 열지 않으면 사고가 터지지 않는다." 때로 할 수 있는 최상의 일은 입을 다물고 잠잠히 거하는 것이다!

> 말이 많으면 허물을 면키 어려우나
> 그 입술을 제어하는 자는 지혜가 있느니라 (잠 10:19)

하루는 여름 캠프에 참석한 한 소년이 엄마한테서 과자 한 상자를 받았다. 소년은 그중 몇 개를 먹고 나머지는 자신의 침대 아래에 넣어 두었다. 그런데 다음 날 보니 그 과자 상자가 통째로 없어졌다. 얼마 후 과자 상자가 없어졌다는 이야기를 들은 선생님이 나무 아래 앉아서 그 훔친 과자를 먹고 있는 한 소년을 보았다. 선생님은 도둑맞은 소년에게 말했다. "빌, 네 과자를 누가 훔쳤는지 알았어. 선생님이 그 친구에게 교훈을 주도록 도와주겠니?" "그 아이를 벌하지 않으실 건가요?" 하고 소년이 물었다.

선생님은 "직접 말하면 안 돼. 그 아이가 너를 미워하게 될 거야. 내게 좋은 생각이 있어. 그런데 먼저 네가 어머니께 과자를 더 보내 달라고 연락했으면 좋겠어." 하고 말했다. 소년은 선생님이 말한 대로 했고, 며칠이 지나서 또 하나의 과자 상자가 배달되었다.

그러자 선생님은 이렇게 말했다. "네 과자를 훔친 아이가 호숫가에 있어. 선생님은 네가 그곳으로 가서 그 아이

> 우리는 물건을 사용하고 사람을 사랑해야 하는데, 오히려 물건을 사랑하고 사람을 이용하는 경향이 있다.

에게 네 과자를 나눠 주었으면 해." 소년은 그럴 수 없다는 듯이 "그 애는 내 과자를 훔쳤잖아요!" "선생님도 알아, 하지만 무슨 일이 일어나는지 보자꾸나." 하고 말했다.

한 시간 후에 선생님은 두 소년이 함께 언덕으로 올라오는 것을 보았다. 도둑질한 아이는 새로운 친구를 얻고자 훔친 과자 값을 지불하겠다고 진지하게 말했지만, 도둑맞은 아이는 그까짓 과자는 더 이상 아무 문제가 되지 않는다고 단호하게 말하며 거절했다!

종종 누군가를 되찾는 최상의 길은 그들에게 하나님의 사랑을 보여 주는 것이다. 당신은 가끔 그 과정에서 친구를 얻을 수도 있다.

> 형제를 사랑하여 서로 우애하고 존경하기를
> 서로 먼저 하며 (롬 12:10)

14

· · · · · ·

유혹으로부터 도망칠 때
여지를 남기지 말라

벨라즈퀘즈 폴크와 쟈넷 쿠즈막은 오리건 주 포틀랜드에서 자랐다. 그러나 그들의 삶의 방식은 매우 달랐다. 폴크는 열 살에 폭력 조직에 들어가 거리의 아이가 되었고, 마약을 팔다가 체포되었다. 쿠즈막은 이웃들에게 칭찬받는 상류층 학생이었다.

1980년 쿠즈막의 여동생이 강간당해 살해되는 일이 벌어졌다. 경찰이 그 사건을 해결하지 못했기 때문에 그녀는 모든 범죄자를 여동생을 살해한 범인으로 간주했다.

나중에 쿠즈막은 큰 병원의 간호사가 되었고, 폴크는 1990년에 감옥에서 풀려나 쿠즈막을 돕는 간호보조원으로 일하게 되었다.

그러나 쿠즈막은 폴크 같은 범죄자가 자신의 간호보조원인 것을 알고 펄쩍 뛰며 분노했다. 그녀는 범죄자가 변화된다는 것을 믿지 않았다. 그러던 어느 날 쿠즈막은 폴크의 폭력 조직 친구들이 다시 그들의 집단에 들어오라고 유혹하는 것을 폴크가 거절하는 장면을 목격하게 되었다. 폴크는 쿠즈막에게 과거의 삶에서 벗어나기를 원한다고 말했고, 간호보조원이 되기 위한 과정에 들어갔다. 쿠즈막은 한때 자신의 여동생이 가석방된 남자와 친구가 되었던 것을 기억했다. 그래서 자신이 계속 감시하겠으니 폴크의 등록금을 지원해 달라고 병원 측을 설득했다.

현재 쿠즈막과 폴크는 놀랍도록 가까운 친구가 되었다. 쿠즈막은 폴크가 전혀 알지 못했던 세계로 들어오도록 도왔다. 그리고 폴크는 한때 쿠즈막의 마음에 독으로 자리 잡았던 쓴 뿌리를 없애도록 도왔다.

변화와 성장은 당신이 악에서 돌이켜 그것을 되돌아보지 않으면 언제나 가능하다.

> 또한 네가 청년의 정욕을 피하고 주를 깨끗한 마음으로 부르는 자들과 함께 의와 믿음과 사랑과 화평을 좇으라 (딤후 2:22)

매일 일을 시작할 때마다 하브는 가게 앞 창문을 내다보면서 길 건너편에 있는 경쟁하는 가게의 창문을 보며 투덜거렸다. "저 가게의 창문은 마을에서 가장 더러워요. 저 사람들은 가게 꼴이 저런데도 전혀 자존심이 상하지 않나 봐요!" 하고 고객들에게 말했다.

하루는 한 고객이 하브에게 창문을 깨끗이 닦아보라고 제안했다. 다음 날 아침 하브는 창문을 보고 깜짝 놀랐다.

"도저히 믿을 수가 없군!" 하며 하브가 가게의 점원에게 말했다. "내가 창문을 닦자마자 길 건너 저 게으른 가게의 주인도 자기 가게의 창문을 닦았나 봐!"

> 다른 사람에게서 싫은 모습이 발견되면, 먼저 자신에게 있는 그런 모습을 고치도록 힘써라.

다른 사람에 대해서는 뒤에서 헐뜯기 쉽다. 그러나 비판은 당신이 누군가를 염려하는 마음으로 사랑이 동기가 되어 얼굴을 마주보고 직접 말할 때만이 '건설적인 것'이 된다. 이러한 의도로 당신이 말한 마지막 때는 언제였는가?

다른 사람을 비판하는 것은 다른 사람의 결점보다 당신

자신의 결점이 더 클 때 나타나는 현상이다. 다른 사람을 비판하고자 했던 때는 언제인가? 언제 위기감이나 열등의식을 느끼는가? 언제 시기심 혹은 교만한 마음을 먹게 되는가? 언제 다른 사람을 놀리거나 비웃게 되는가? 다음부터는 비판적인 말이 생각날 때, 자신의 삶에 대해 먼저 비판하는 시간을 가져라. 당신이 말하고자 하는 것은 듣는 사람에게 긍정적인 영향을 미치는가, 아니면 부정적인 영향을 미치는가?

> 어찌하여 형제의 눈 속에 있는 티는 보고 네 눈 속에 있는 들보는 깨닫지 못하느냐 (마 7:3)

15

• • • • •

지위란 당신이 좋아하지 않는 사람에게
깊은 인상을 주려고 필요없는 어떤 것을 사는 것이다

모파상의 『목걸이』는 상류층 사회에 소속되기를 무척이나 원하는 마틸드라는 젊은 여인의 이야기다. 하루는 평범한 그녀의 남편이 우아한 무도회에 초대받게 된다. 마틸드는 그때 하고 가려고 부유한 친구에게 목걸이를 빌렸고, 그날 밤 무도회에 참석한 귀족들에게 많은 찬사를 받았다. 그런데 그녀는 그날 밤 늦게서야 빌려온 그 목걸이가 없어졌다는 것을 알았다.

마틸드의 남편은 잃어버린 목걸이를 다시 구입하기 위해 3만6천 프랑을 빌렸다. 그는 가능한 모든 수단을 동원했다. 마침내 세공업자가 그 목걸이와 똑같은 것을 만들었고, 마틸드는 그동안 무슨 일이 있었는지 말하지 않은 채 친구에게 목걸이를 돌려 주었다.

  10년 동안 그 부부는 각자 두 가지 일을 하면서 빌린 돈을 갚느라 종살이를 했다. 그들은 집을 팔고 슬럼가에서 살 수밖에 없었다. 빚을 다 갚은 어느 날 마틸드는 목걸이를 빌려 준 부유한 친구를 만나 자신이 돌려준 목걸이가 처음에 빌렸던 것이 아니었음을 고백했다. 그런데 놀랍게도 그녀가 빌린 목걸이가 가짜 목걸이었음을 알게 되었다! 빌린 목걸이는 고작 5백 프랑에 불과했다.

  남에게 잘 보이려고 할수록 오히려 수치를 당하게 마련이다.

> 저희 모든 행위를 사람에게 보이고자 하여 하나니 (마 23:5)

바실리오 클라크는 어떤 것도 제대로 할 수 없을 것 같았다. 그는 자살조차도 마음대로 할 수 없었다. 그와 여덟 명의 동료 폭력배들은 필리핀의 고향에서 살인과 강도 혐의로 체포되었다. 전기의자에서 고문당한 후 바실리오와 친구들은 살충제와 페인트를 묽게 혼합했다. 그러고는 그 독한 혼합물을 함께 마셨다. 비록 바실리오는 그 독으로 실명되기는 했지만 그들 가운데서 유일하게 살아남았다.

> 나는 과거의 역사보다 미래의 꿈을 좋아한다.

바실리오는 회복되는 동안 감방에서 죄수들과 함께 일하던 한 여인이 준 라디오를 듣기 시작했다. 그 라디오는 오직 기독교방송만 들을 수 있었다. 날마다 방송을 듣던 바실리오는 자신을 사랑하고 자신의 모든 과거를 용서해 주시는 하나님에 대해 알게 되었다. 바실리오의 내면은 변화되기 시작했고, 다른 사람들도 그가 변화되었다는 것을 느끼기 시작했다. 바실리오는 이제 더 이상 범죄를 일으키는 무서운 청년이 아니었다. 결국 필리핀 대통령은 바실리오를 사면해 주었다. 감옥에서 풀려난 바실리오는 목사가 되

었고, 다른 사람을 미워하기보다는 사랑하면서 그 사랑을 전하게 되었다.[8]

당신이 과거 어떤 환경에서 자랐는지가 앞으로의 당신의 삶을 결정하도록 내버려 두지 말라. 뭔가 바꾸고 싶은 과거가 있는가? 하나님은 당신을 도우실 것이다. 그분은 신선하고 새로운 시작을 가능하게 하시는 창조자다.

> 너희는 이전 일을 기억하지 말며
> 옛적 일을 생각하지 말라 보라
> 내가 새 일을 행하리니 (사 43:18-19)

16

꼭대기에 이르는 길은
밑바닥에서 벗어나는 것이다

1894년 가을 어느 날, 구글리엘모는 3층에 사는 부모님 집에서 자기 방으로 왔다. 그는 여름 휴가 내내 책을 읽었고, 노트에 짧은 선으로 된 도형을 그리느라 시간을 전부 보냈다. 이제 직장으로 돌아가야 할 시간이다.

구글리엘모는 매일 아침 일찍 일어났다. 그는 하루 온종일 일했고, 어머니가 깜짝 놀랄 만큼 밤늦게까지 연구했다. 그는 결코 건강한 사람이 아니었기에 놀랄 만큼 야위게 되었다. 얼굴은 일그러졌고, 눈에는 피곤한 기색이 역력했다.

마침내 그가 준비한 것을 발표할 날이 왔다. 그는 가족들을 자신의 방으로 부른 다음 버튼을 눌렀다. 드디어 1층 마루의 벨을 울리는 데 성공한 것이다! 어머니는 깜짝 놀랐지만 아버지는 전혀 놀라지 않았다. 아버지는 그처럼 짧은 거리에 신호를 보내는 것은 아무 짝에도 쓸모없다고 생각했다. 점차 구글리엘모의 발명품에 변화가 일어났다. 한 언덕에서 다음 언덕으로, 그리고 나서는 그 언덕 너머로도 신호를 보낼 수 있게 되었다. 구글리엘모의 발명품은 약간의 영감과 끊임없는 인내로 완성되었다.

구글리엘모 마르코니(Guglielmo Marconi)는 라디오의 선구자인 무선 전신의 발명가로 알려졌다. 그는 자신의 노력으로 노벨물리학상을 받았을 뿐만 아니라 이탈리아의 상원의원이 되었고, 많은 명예 학위와 직위를 받게 되었다.

비전과 함께 열심히 일할 때 당신은 뭔가를 성취할 수 있다.

> **❝** 게으른 자여 네가 어느 때까지 눕겠느냐
> 네가 어느 때에 잠이 깨어 일어나겠느냐 (잠 6:9) **❞**

조 스미스는 어떤 성공한 건축가를 위해 20년 동안 일한 충성된 목수였다. 하루는 건축가가 사무실로 조를 불러 이렇게 말했다. "조, 나는 우리가 지을 다음 집에 대해 당신에게 모든 감독을 맡기려고 합니다. 당신이 건축 재료 주문을 포함한 모든 전반적인 일들을 관리해 주기 바랍니다."

조는 커다란 열정을 품고 그 임무를 받아들였다. 그는 건축 도면을 연구했고, 모든 세부사항을 정확하게 검토했다. 그런데 갑자기 그에게 한 가지 생각이 떠올랐다.

> 아무도 보지 않을 때의 모습이 진정한 당신의 모습이다.

'정말 내가 책임자라면 몇 군데 평수를 줄이고, 덜 비싼 재료를 써서 여분의 돈을 챙기는 게 어떨까? 누가 알겠어? 그래도 일단 완성된 후에는 근사하게 보일 거야.'

그래서 조는 자신의 계획대로 실행했다. 그는 2등급짜리 목재와 덜 비싼 콘크리트, 값싼 전선을 넣고 가장자리를 가능한 한 전부 잘라냈다. 집이 완성 되었을 때, 그 건축가가 와서 말했다. "정말 훌륭하게 해냈군요! 지난 20년 동안 당신은 내게 충성된 목수로 일해 주었어요. 그래서 나는 감사의 표시로 당신에게 이 집을 선물하고자 합니다."

오늘을 잘 형성하라. 당신은 자신이 그동안 만든 성품과 명성으로 살게 될 것이다.

눈가림만 하여 사람을 기쁘게 하는 자처럼
하지 말고 그리스도의 종들처럼 마음으로
하나님의 뜻을 행하여 (엡 6:6)

17

생각할 시간을 가져라.
그러나 일단 행동할 시간이 되면
생각을 멈추고 실행하라

제이슨은 오래 전부터 경찰관이 되고 싶었다. 제이슨은 경찰 활동과 강도 잡는 일을 좋아하기도 했지만 자신의 삶에 뭔가 의미 있는 일을 해보고 싶었다.

졸업 후 그는 경찰학교에 응시할 기회가 생겼는데 먼저 인터뷰를 해야 했다. 노련한 경찰관이 그의 의자 앞에 멈추어 섰고, 제이슨은 바로 지금이 어린 시절부터 꿈꾸어 온 것이 실현될 순간임을 인식했다. 자신있게 각 질문에 대답했을 때, 그는 합격할 수 있을 것이라고 생각했다.

"마지막 한 가지 질문은…." 하고 그 경찰관이 말했다. "당신이 폭발사고 현장에서 도움을 요청받았다고 가정해 봅시다. 많은 부상자가 생겼는데 그 근처로 일하러 가는 한 아줌마를 보았습니다. 동시에 술 취한 운전자의 자동차가 초등학교 쪽 도로에서 비틀거리며 내려오고 있었습니다. 바로 그때 근처에 있는 강에서 누군가가 구조를 외치는 비명소리가 들렸고, 동시에 바로 옆에서 아주 큰 싸움이 벌어졌다면 당신은 어떻게 하겠습니까?"

제이슨은 잠시 생각한 다음 이렇게 응답했다. "경찰복이 눈에 띄지 않도록 숨어서 군중 속으로 들어가 버리겠습니다."

인생의 어떤 순간에는 냉철한 머리 이상이 필요하다. 주님의 음성을 듣고 실행하고자 하는 용기가 없다면 그 기도는 아무 소용이 없다.

> 이는 당신의 주장할 일이니 일어나소서
> 우리가 도우리니 힘써 행하소서 (스 10:4)

옛 우화에 보면 이런 이야기가 있다. 세 사람이 철저한 침묵 가운데 종교적인 수행을 하기로 결정했다. 그들은 동틀 때부터 보름달이 지평선에서 떠오를 자정까지 '침묵하는 날'로 하자고 약속했다. 그들은 여러 시간 동안 좌선한 상태로 먼 지평선을 바라보며 어둠이 그들을 감쌀 때를 간절히 기다렸다.

그들 중 한 사람이 "전혀 말하지 않는 게 참 어렵구나." 하고 무의식중에 말했다. 그러자 두 번째 사람이 "조용히 하게. 당신은 침묵 수행 중에 말하고 있는 거네!" 하고 응수하자, 이번에는 세 번째 사람이 한숨을 내쉬며 자랑했다. "이제 내가 지금까지 말하지 않은 유일한 사람이다."

> 침묵은 금일 때가 있다. 그러나 적합하지 않을 때는 단지 누런색일 뿐이다.

한 랩 가수가 전도서에 있는 몇 가지 권면의 말씀을 다음과 같이 활용했다.

- 말할 때가 있고 잠잠할 때가 있다.
- 시골로 갈 때가 있고 도시로 갈 때가 있다.

- 말할 때가 있고 행동할 때가 있다.
- 잘 익을 때가 있고 덜 익을 때가 있다.

침묵은 좋을 수 있다. 그러나 만일 율법적인 두려움이나 도덕성의 결핍을 초래한다면 결코 좋은 것이 될 수 없다.

> 천하의 범사가 기한이 있고
> … 잠잠할 때가 있고 말할 때가 있으며 (전 3:1-7)

18

● ● ● ● ● ●

모든 일은 그것을 행하는 사람의
얼굴과 같다. 당신이 하는 일을
탁월하게 하라

한 순회극단이 먼 지방을 돌며 노래와 악기 연주로 생계를 꾸려 나가고 있었다. 그러나 공연은 그리 잘 되지 않았다. 서민들의 형편이 경제적으로 너무 어려웠고, 월급이 적어서 공연을 볼 여유가 없었다.

어느 날 밤 단원들이 자신들의 곤궁한 처지에 대해 의논하려고 모였다. "오늘 밤은 공연할 필요가 없을 것 같아요. 눈도 와서 아무도 오지 않을 거예요." 하고 한 사람이 말했다. "나도 동감이에요. 어젯밤에도 우리는 몇 안 되는 사람들을 위해 공연했어요. 아마 오늘 밤에는 훨씬 더 적을 거예요." 하고 다른 사람이 덧붙였다.

그때 그 극단의 리더는 이렇게 말했다. "여러분이 낙심한 것을 알아요. 저 역시도 그래요. 그러나 우리는 공연에 온 사람들에 대한 책임이 있어요. 우리는 계속 공연을 하되 우리가 할 수 있는 최선을 다해야 해요. 오지 않은 사람들이 문제가 아니에요. 온 사람들에게 소홀히 해서는 안 돼요. 우리가 최선을 다하지 않아서 공연에 온 사람들이 실망해서는 안 돼요."

리더의 말에 감동받은 단원들은 그 어느 때보다도 최선을 다했다. 공연 후에 리더는 단원들을 다시 불렀다. 그의 손에는 문 닫기 직전에 청중에게서 받은 쪽지 하나가 있었다. 리더는 그것을 천천히 읽었다. "멋진 공연 잘 보았습니다." 그리고 거기에는 '여러분의 왕으로부터'라는 사인이 있었다.

비록 아무도 당신이 하는 일을 주목하지 않는다 할지라도 하나님은 보고 계신다. 최선을 다하라. 그리고 그 일을 하나님을 위해서 하라!

> 다니엘은 마음이 민첩하여
> 총리들과 방백들 위에 뛰어나므로
> 왕이 그를 세워 전국을 다스리게 하고자 한지라 (단 6:3)

어느 날 밤 기도 모임에서 나이든 한 여성이 이렇게 기도했다. "오, 주님 우리에게 어떻게 하시든지 우리 삶에 당신의 뜻만이 나타나시길 원합니다." 어느 정도 알려진 순회 성경교사인 에들레이드 폴라드가 그녀의 기도를 들었다. 당시 그녀는 선교사들을 섬기고자 아프리카로 가야 했는데 필요한 돈을 모금할 수 없어서 깊이 낙심하고 있었다. 에들레이드는 하나님께 진지하게 간구하는 그녀의 기도에 감동했고, 그날 밤 집에 돌아가서 예레미야 18장 3-4절 말씀을 묵상했다. "내가 토기장이의 집으로 내려가서 본즉 그가 녹로로 일을 하는데 진흙으로 만든 그릇이 토기장이의 손에서 파상하매 그가 그것으로 자기 의견에 선한대로 다른 그릇을 만들더라" 은퇴하기 전 에들레이드는 그녀 자신의 간구 형태로 다음과 같은 찬송가를 썼다.

> 당신이 생각하기에 좋다고 여겨지는 것을 하나님께 구하지 말고, 하나님이 당신에게 선하게 여기시는 것을 구하라.

오, 주여 당신의 길을 행하소서!
당신 자신의 길로 행하소서!

당신은 토기장이요 저는 진흙입니다.
내가 기다리는 동안 굴복하며 잠잠히 있겠사오니,
나를 빚으사 당신의 뜻대로 만드소서.

    삶의 목적을 발견하는 최상의 길은 당신 자신과 당신의 모든 계획, 그리고 당신의 꿈을 하나님께 내 드리고 하나님의 뜻에 따라 사는 것이다. 그러면 하나님은 당신을 위한 계획을 보이시고 성취하실 것이다. 당신은 실망하지 않을 것이다.

> 그러므로 너희는 이렇게 기도하라
> 하늘에 계신 우리 아버지여
> 이름이 거룩히 여김을 받으시오며
> 나라에 임하옵시며 뜻이 하늘에서 이룬 것같이
> 땅에서도 이루어지이다 (마 6:9-10)

19

하나님 없는 세상은 길잡이 없는 미로와 같다

중심가에 있는 오래된 교회의 성가대석 위에는 오르간이 한 대 있었다. 주중에는 오르간에 먼지가 쌓이고 쥐들이 한가하게 돌아다녔다. 오르간 안에서 태어난 쥐들은 그들의 집이 크리스마스 이브 때까지는 망치와 전기선들 그리고 울리는 종 등으로 가득 찬 일종의 조용한 미로와 같다고 생각했다.

첫 번째 건반이 눌러졌을 때 쥐들의 집이 음악소리로 가득차자 쥐들은 깜짝 놀랐다. 그들의 집에 건반 소리가 얼마나 크게 진동했고 우렁차게 울렸는지…. 오르간은 얼마나 놀라운 재능과 솜씨를 지녔는가! 그러나 거기 있던 작은 쥐 한 마리는 이 가운데 뭔가 비밀이 더 있을 거라고 여겼다. 그 쥐가 건반으로 나 있는 작은 통로를 통해 가까스로 올라갔을 때, 한 여인이 집중해서 손가락으로 건반을 치고 있는 것을 보았다. 그 쥐는 오르간 자체가 연주되는 것이 아니라 놀라운 음악적 재능을 지닌 이 여인이 음악을 연주한다는 것을 깨닫게 되었다. 그 쥐는 오르간보다 더 위대한 누군가가 있다는 것을 모두에게 말해 주기 위해 달려갔다. 누군가가 음악을 연주하고 있다!

다른 쥐들은 그 쥐의 말을 비웃고 또 비웃었다. 누가 그 따위 터무니없는 이야기를 믿겠는가? 그들은 자기들 눈으로 피아노 줄이 저절로 움직이는 것을 직접 보면서 살지 않았는가.

인생에는 눈으로 보는 것 이상의 진리가 있다. 누군가 당신에게 "보는 것이 믿는 것이다."라고 말한다면 "믿음은 바라는 것들의 실상이요 보지 못하는 것들의 증거니"(히 11:1)라고 하신 말씀을 기억하기 바란다.

> 이 하나님은 영영히 우리 하나님이시니
> 우리를 죽을 때까지 인도하시리로다 (시 48:14)

1970년 월리는 숙모 델라에게 전수받은 조리법으로 친구들을 위해 초콜릿 과자를 굽기 시작했다. 사람들은 그가 만든 과자가 맛있어서 종종 과자 장사를 해보라고 했지만, 월리는 5년 동안 과자를 만들어 나누어 주기만 했다. 월리에게는 다른 생각이 있었다. 월리는 사업가가 될 절호의 기회를 기다렸다.

그러던 어느 날 길모어라는 친구가 과자 만드는 사업에 돈을 투자할 만한 사람이 있다고 말했다. 그런데 그 사람은 결코 투자를 하지 않으려고 했다. 그래서 월리는 제프 월, 헬렌 레디 그리고 마빈 가예 등 약간의 돈을 투자할 수 있는 친구들과 함께 그 사람을 만나러 갔으나 그 사람은 없었다.

> 기회는 거의 소리 없이 찾아온다.

처음에 월리는 그저 '먹고 살기'에 충분할 정도로 위치 좋은 대로변에 가게 하나를 열 계획이었다. 그런데 나중에 월리의 가게는 초콜릿 과자만 파는 세계에서 하나밖에 없는 가게가 되었다. 이 사업은 날로 번창해서 24시간 상점

문을 열어야만 했다. 그의 '유명한 아모스 초콜릿 과자'는 곧 전 세계로 알려지기 시작했다. 월리는 과자를 만드는 것부터 시작해서 항공사와 통신사에 이르기까지 몇 군데 회사의 사장이 되었다. 한때 사장이 되고자 꿈꾸었는데 이제 정말 그렇게 된 것이다!

때로 꿈은 뒷문을 통해 온다. 항상 기회의 문을 열어 두어라!

> 구하라 그러면 너희에게 주실 것이요
> 찾으라 그러면 찾을 것이요 문을
> 두드리라 그러면 너희에게 열릴 것이니 (마 7:7)

20

● ● ● ● ● ●

낙심하지 말라. 모든 사람은
과거 출발했던 곳에서 현재의 지점에
이른 것이다

당신은 벼룩이 서커스하는 것을 구경한 적이 있는가? 물론 작은 차에 광대를 가득 태우는 것과, 그네 타는 곡예사가 서커스를 하는 것은, 벼룩이 오락 개념으로 훈련받는 것과 비교할 수 없을 것이다. 벼룩은 얼마나 잘 훈련받을 수 있는가! 실제로 벼룩은 훈련보다는 반복을 통해서 더 잘 배운다.

만일 당신이 작은 상자에 벼룩을 넣으면 벼룩은 계속 점프해서 상자의 윗면에 반복해서 부딪친다. 그러고 나면 잠시 후에는 그 뚜껑에 부딪치지 않을 정도로만 점프할 것이다. 벼룩은 이것을 너무도 잘 배워서 상자의 뚜껑을 제거

한다 해도 그 상자 밖으로는 점프하지 않는다. 벼룩은 '그 정도 높이까지만' 점프하도록 스스로 자신에게 조건을 부여한 것이다.

당신의 삶에 '그 정도 높이까지만' 점프하도록 스스로 조건화시킨 삶의 영역이 있는가? 자신의 집안 배경으로 인해 제한된 느낌이 드는가? 과거의 실수 때문에 제한받는가, 아니면 사회적·경제적인 지위 때문에 제한받는가? 당신은 자신을 70점짜리 학생이며 아무것도 기대할 수 없다고 보는가? 당신은 자신을 성공한 사람으로 보는가, 아니면 실패한 사람으로 보는가? 창의력이 있는 사람인가, 아니면 부족한 사람인가? 당신은 가치 있는 사람인가, 아니면 무의미한 사람인가? 당신은 하나님의 자녀인가, 우연의 산물인가? 당신 자신을 어떻게 보느냐와 무엇을 보느냐에 따라 무엇을 얻을 것인지가 결정된다. 이제 상자 밖을 생각해 봐야 할 때다. 당신은 얼마나 높이 점프할 수 있는가?

> **네 시작은 미약하였으나
> 네 나중은 심히 창대하리라** (욥 8:7)

전문가들은 성숙에 대해 여러 가지로 정의한다. 그러나 아마도 다음과 같은 것들이 보통 사람들이 이해하는 개념일 것이다.

- 성숙하다는 것은 당신이 강아지를 키우기를 원할 때, 날마다 강아지에게 사료와 물을 주어야 함을 기억하는 것이다.

> 나이를 먹는다고 성숙해지는 것이 아니라 책임을 받아들임으로써 성숙해진다.

- 성숙하다는 것은 당신이 어떻게 옷을 입어야 하는지를 아는 것이다. 그리고 더러운 옷은 벗어서 세탁기에 넣어야 함을 기억하는 것이다.
- 성숙하다는 것은 전화를 어떻게 사용해야 하는지를 아는 것이다. 그리고 가능한 한 통화를 짧게 하여 다른 사람들도 통화할 수 있도록 배려하는 것이다.
- 성숙하다는 것은 집에 혼자 있을 수 있는 충분한 나이가 되었다는 것이다. 그리고 다른 친구들을 신뢰할 수 있다는 것이다.
- 성숙하다는 것은 차를 운전할 수 있는 나이가 되었다는 것이다. 그리고 당신이 사용하는 만큼의 유지비를 감당할 능력이 있다는 것이다.
- 성숙하다는 것은 밤을 지새울 수 있는 나이가 되었다는 것이다.

그리고 일찍 잠자리에 드는 것이다.

만일 당신이 어느 정도 성숙한지를 알고 싶다면, 무엇을 선택할 때 책임질 수 있는 능력이 얼마만큼 되는지 측정해 보라.

> 66 내가 어렸을 때에는 말하는 것이
> 어린아이와 같고 깨닫는 것이 어린아이와 같고
> 생각하는 것이 어린아이와 같다가
> 장성한 사람이 되어서는
> 어린아이의 일을 버렸노라 (고전 13:11)

21

• • • • • •

돌볼 수 있는 능력이 인생에서
가장 깊은 의미를 준다

리안이 자신이 키우는 개를 찾았을 때는 막 새끼를 낳는 중이었다. 리안은 자신이 잠든 동안 기적이 일어났는지 보려고 매일 아침 세탁실로 달려가곤 했다. 어느 날 아침 리안은 솜털이 뽀송뽀송 난 채로 꿈틀거리는 아홉 마리의 강아지 새끼들을 보았다. 부모님이 그중에서 한 마리만 가질 수 있다고 했기에, 리안은 어느 것을 골라야 할지 어려운 선택을 해야 했다.

6주 후에 리안은 '귀여운 강아지를 무료로 드림'이라고 조심스럽게 쓴 글을 집 앞 우체통에 붙였다. 여러 주가 지났는데도 그 강아지들 중 두 마리만 가져갔기에 리안은 새로운 시도를 하고자 마음먹었다. 그의 새로운 광고는 '다섯 마리 귀여운 강아지와 단 한 마리의 못생긴 강아지 있음. 좋은 가정에 무료로 드림'이었다. 그날로 강아지들은 모두 다 다른 사람에게 넘겨졌다. 모든 사람들이 그 못생긴 불쌍한 강아지를 보호하려고 문을 두드렸기 때문이다.

많은 사람들은 못생긴 강아지를 돕기 원했다. 당신의 도움을 받도록 하나님이 당신의 생애 가운데 둔 사람은 누구인가? 당신은 시간, 재정, 육체적 노동, 그리고 단지 우정이라는 선물을 베풀면 된다. 당신의 자원을 고갈시키지 않는 사람들을 돕기 위해 다가가라. 그러면 실제로 돌볼 수 있는 당신의 역량은 더욱 넓어질 것이다.

> **너희가 짐을 서로 지라 그리하여 그리스도의 법을 성취하라** (갈 6:2)

한 무리의 사업가들이 일주일 동안 리더십 훈련을 받기 위해 멀리 떨어진 휴양지로 갔다. 그래프, 통계 수치, 그리고 활기 넘치는 이야기 등이 있을 거라고 기대했던 그들은 노트 대신 삽을 잡으라고 했을 때 놀라지 않을 수 없었다. 사장인 클락슨 씨는 그 주말을 위한 과제를 이렇게 제시했다. "나는 여러분이 오두막집 둘레에 2미터 넓이와 25센티미터 깊이의 구덩이를 파기 원합니다." 이 말을 남긴 채 사장은 오두막 안으로 들어가 버렸다.

> 존귀에 이르는 가장 쉬운 길은 겸손이다.

처음에 그 무리들은 아무 말이 없었고, 그들 앞에 놓인 황당한 일에 대해 어안이 벙벙했다. 그러나 곧 침묵은 그런 활동의 목적이 무엇인지에 대한 의문으로 바뀌었다. 23cm 정도의 깊이면 충분할 거라는 논쟁과 함께 힘들게 땅을 파게 하는 사장에 대한 불만이 쏟아져 나왔다. 마침내 그 무리의 신참인 빌이 다른 사람들에게 이렇게 말했다. "우리가 왜 이것을 해야 하는지 알아서 뭐하겠습니까? 다만 그렇게 합시다. 빨리 해치워 버립시다!"

그런 말이 있은 후 오두막의 문이 열렸고 클락슨 씨가 다시 나타났다. 그리고 "여러분, 나는 여러분께 새로운 부사장을 소개해 드리고자 합니다." 하고 빌의 손을 잡으면서 말했다.

인생에서 당신이 무엇을 해야 하는지에 대한 이유가 항상 분명하지는 않다. 그러나 '어떻게' 라는 것을 이해하기만 한다면, 그것을 하는 최상의 선택은 그 일을 착수하는 것이다.

> 하나님이 교만한 자를 물리치시고
> 겸손한 자에게 은혜를 주신다 (약 4:6)

22

· · · · · ·

가장 행복한 사람이 반드시
최상의 것을 갖는 것은 아니다.
그들은 다만 모든 것을 최상으로 만들 뿐이다

일란성 쌍둥이에 대한 이야기가 있다. 쌍둥이 중 한 명은 소망으로 가득 찬 낙관주의자로 종종 "모든 것이 장미꽃처럼 다가오고 있어."라고 말했다. 그리고 또 다른 쌍둥이는 슬프고 소망 없는 비관주의자로 최악의 사태가 일어날 것을 생각했다. 쌍둥이를 염려하는 부모는 그들의 성격을 균형 있게 하는 데 도움을 주기 위해 한 심리학자에게 데리고 갔다.

심리학자는 쌍둥이의 생일 다음 날, 각각 다른 방에서 부모가 그들에게 주는 선물을 열어 보게 하라고 제안했다. 심리학자는 "비관적인 아이에게는 줄 수 있는 최고의 장난감을 주시고, 낙관적인 아이에게는 지푸라기가 담긴 상자를 주세요."라고 말했다. 부모는 심리학자가 제안한 대로 했다.

한참 후에 부모가 비관적인 아이를 엿보았을 때 다음과 같은 불평이 들렸다. "이 장난감은 색깔이 싫어. 부숴 버릴 거야! 갖고 놀기도 싫어. 다른 애들은 이것보다 더 큰 장난감을 갖고 있단 말이야!"

발뒤꿈치를 들고 복도를 살짝 지나간 부모는 낙관적인 아이가 공중에 지푸라기를 뿌리면서 기뻐하는 모습을 보았다. 낙관적인 아이는 킥킥 웃으면서 이렇게 혼잣말을 했다. "난 안 속아! 이 정도 지푸라기면 조랑말이 있을 거야!"

당신은 오늘의 삶을 어떻게 보는가. 그저 우연히 일어난 불행으로 보는가, 아니면 받아들여야 할 축복으로 보는가?

> 어떠한 형편에든지 내가 자족하기를 배웠노니 내게 능력 주시는 자 안에서 내가 모든 것을 할 수 있느니라 (빌 4:11-13)

제2차 세계대전 당시 유명한 장군이었던 조지 패튼 (George S. Patton)은 굉장한 독서가이자 역사학도였다. 그는 1944년에 아들에게 다음과 같은 편지를 보냈다. "성공적인 군인이 되려면 너는 역사를 알아야 한다. 객관적으로 역사를 읽어라. 시실리에서 나는 내가 수집한 정보와 관찰력과 직관력으로 적들이 또 다시 대규모 공격을 시도할 수 없다고 생각했다. 나는 그렇게 확신했는데 내가 옳았다."

　1944년 7월 2일에 노르망디의 상황을 지켜본 패튼은 곧바로 아이젠하워에게 1914년의 독일 슐리펜 계획을 적용할 수 있을 거라는 편지를

> 역사를 너의 배움으로 삼아라.

썼다. 한 달 후 그 작전이 실행되어 독일은 노르망디에서 패배하게 되었다.

　적의 행동을 예견할 수 있었던 패튼의 초인적인 능력은 주로 수천 시간 동안 역사에 대해 독서한 결과다. 역사적으로 유사한 일이 반복된다는 의식이 항상 그의 머릿속에 있었기 때문이다.

　아마도 패튼에게 가장 영향을 미친 것은 아르단트 드 피

크의 『베틀 스터디스』(Battle Studies)일 것이다. 패튼은 그것을 적의 포격을 뚫고 보병이 어떻게 전진할지에 대한 문제를 해결하는 데 사용했다.

만일 인생에서 성공하기를 원한다면 역사와 특히 성공한 사람들의 삶에 깊이 귀 기울여라. 그리고 그것을 객관적으로 읽어라. 당신은 다른 사람의 성공과 승리뿐 아니라 실수와 실패에서도 많은 것을 배울 것이다.

> **❝ 저희에게 당한 이런 일이 거울이 되고 또한 말세를 만난 우리의 경계로 기록하였느니라 ❞** (고전 10:11)

23

· · · · ·

자신의 가치를 알 때
무엇을 결정한다는 것은 어렵지 않다

저스틴은 패배감을 느끼면서 학기말 수학 시험을 보았다. 그는 문제를 제대로 풀 수가 없었다. 주말에 공부를 더 했어야 했다고 생각했다. 저스틴은 만일 자신이 이 학급에서 유급되어 내년에 다시 배우게 된다면 아빠가 얼마나 실망할지도 알았다. 그는 시험을 열심히 보는 척하면서 얼마나 더 그 자리에 앉아 있어야 하는지 시계를 물끄러미 쳐다보았다.

저스틴은 바로 옆에서 열심히 시험치는 린을 힐끗 보았다. 린은 우수한 학생으로 학급 전체에서 가장 성적이 좋았다. 저스틴은 린 쪽으로 조금만 움직이면 학기말 시험을 통과할 수 있을 정도의 몇 가지 답을 볼 수 있었다. 그때 아버지께서 하시던 말씀이 머릿속에서 계속 메아리쳤다. "정직이 최상이야. 가장 쉬운 길을 택하지 말고 최상의 길을 택해라." 저스틴은 어릴 때부터 이 말을 들어왔다. 거짓으로 아버지를 기쁘게 하는 것보다 실망하더라도 진실을 택하는 것이 더 나았다. 저스틴은 열심히 답을 적었다.

둘 중 하나를 선택해야 할 때, 어느 쪽을 택하느냐 하는 것은 마음에 가장 깊이 새겨진 진리에 의해 좌우된다. 당신의 가치를 타협하게 만드는 원인은 무엇인가? 그렇다면 그것은 무엇이며 이유는 무엇인가?

> 다니엘은 뜻을 정하여 왕의 진미와
> 그의 마시는 포도주로
> 자기를 더럽히지 아니하리라 하고 (단 1:8)

유대인 의사인 보리스 콘펠드는 시베리아에 투옥되었다. 거기서 그는 간수와 죄수들을 돕는 외과의사로 일하면서 이름을 알 수 없는 한 크리스천을 만났다. 조용한 신앙인이었고 주기도문을 자주 암송하던 그 크리스천은 콘펠드 박사에게 깊은 영향을 주었다.

하루는 콘펠드 박사가 깊은 상처를 입은 보초병을 치료하고 있는데 갑자기 '내부 출혈로 서서히 죽도록 동맥 봉합을 하면 어떨까?' 하는 생각이 들었다. 자신의 마음속에서 살인하고자 하는 마음이 꿈틀대는 것을 인식한 그는 깜짝 놀라, 자신도 모르게 주기도문 내용 중에 있는 '우리가 우리에게 죄 지은 자를 사하여 준 것 같이 우리 죄를 사하여 주옵시고'를 외우고 있었다. 그 후 그는 여러 가지 비인간적이고 비도덕적이며 잘못된 수용소의 규칙에 대해 심지어 그의 목숨이 위험하

> 나는 유일한 존재이며 지금도 여전히 하나밖에 없는 존재다. 내가 모든 것을 할 수 있는 것은 아니지만 여전히 뭔가를 할 수 있다. 나는 내가 할 수 있는 것을 최선을 다해서 해낼 것이다.

다 하더라도 조용히 순종하기만 하는 것을 거부하기 시작했다.

어느 날 오후 그는 암 수술을 받은 환자를 진찰했다. 영적인 비참함이 깊이 서려 있는 환자의 눈을 보았을 때 그는 긍휼한 마음이 들었고, 그 환자에게 자신의 비밀스런 신앙고백을 비롯한 모든 이야기를 해 주었다. 그날 밤 콘펠드 박사는 잠자는 사이에 살해되었다. 그러나 콘펠드 박사의 간증은 결코 헛되지 않았다. 그의 고백을 들은 환자는 결국 크리스천이 되었다. 그는 수용소에서 살아나왔고 강제노동수용소의 삶에 대해 세상에 알리기 시작했다.

그 환자가 바로 20세기 선도적인 러시아 작가 중의 하나인 알렉산드르 솔제니친이다. 그는 강제노동수용소의 끔찍함과 러시아 공산주의의 위험성을 세계에 알렸다.

당신은 세상을 변화시킬 수 있다. 하나님은 당신의 생애에 놀라운 계획을 가지고 계신다.

> 그에게서 온 몸이 각 마디를 통하여
> 도움을 입음으로 연락하고 상합하여
> 각 지체의 분량대로 역사하여 그 몸을 자라게 하며
> 사랑 안에서 스스로 세우느니라 (엡 4:16)

공손함은 아무 값 없이 멀리까지 간다

4층에 있는 모든 환자는 구스타프손 간호사의 손길을 기다렸다. 구스타프손 간호사에게는 알 수 없는 특별한 뭔가가 있었다. 아마도 그것은 그 간호사가 말할 때 환자의 눈을 본다거나 아니면 의료차트를 보지 않고도 항상 환자의 이름을 기억한다는 것일지도 모른다. 구스타프손 간호사는 어떻게 그토록 유능하면서도 친절할 수 있을까! 4층에 있는 환자 중에 그녀가 예전부터 그렇지 않았다는 사실을 아는 사람은 거의 없었다.

앙기 구스타프손은 과로와 일에 짓눌려 환자를 제대로 돌보지 않던 간호사였다. 그녀는 5년 전 유방암 진단을 받았을 때, 자신이 치료가 필요한 환자라는 것을 알게 되었다. 무슨 일이 일어날지에 대해 일반인보다는 잘 이해하고 있었지만, 그녀는 여전히 두려움과 외로움을 느꼈다. 의사가 그녀에게 육체적 통증을 완화시키는 약을 주었지만 감정적인 고통은 여전히 사그라지지 않았다. 구스타프손 간호사가 질병에서 회복한 후 환자를 대하는 것은 이전과 매우 많이 달라졌다. 환자들은 단지 '맹장염에 걸린 사람'과 '다리가 부러진 사람' 이상이다. 그들은 어머니요 아버지요 형제자매요 친구다. 그들은 하나님이 너무나도 사랑하시는 사람들이라는 것을 그 간호사가 알게 된 것이다.

그들을 가치 있게 여기는 것은 사람들을 대하는 당신의 태도에 영향을 미친다. 파출부, 전화 안내원 그리고 다른 운전자들에 대한 당신의 태도는 그들의 진정한 가치를 반영하고 있는가?

> 인자한 자는 자기의 영혼을 이롭게 하고 (잠 11:17)

코니는 낡은 카탈로그를 훑어보았다. 토요일에는 할 일이 없었다. 코니는 쉬는 날에 친구들을 만나고 싶었지만 아무도 연락할 것 같지 않았다. 최근에 전화를 걸어 온 사람은 텔레마케터들밖에 없었다.

점심시간에 코니는 샌드위치 가게에 가기로 결정했다. 코니가 카운터에 갔을 때 수잔이 눈에 띄었다. 코니는 '수잔이 여기서 뭐하는 거지?' 하며 자신을 피하는 그 오랜 친구와 마주치기 싫어서 문 밖으로 나가려 했지만 이미 수잔과 마주치고 말았다.

> 당신이 친구에게 바라는 것만큼 당신도 친구에게 해야 한다.

"코니!" 하고 수잔이 카운터 너머로 불렀다. "만나서 반가워! 론이 두 주 전에 실직해서 생활비를 충당하느라 두 가지 일을 하고 있어. 론다 얘기 들었니?"

"아니, 아무 얘기도 못 들었어." 하고 코니가 냉담하게 대답했다.

"론다 지금 병원에 입원했어." 하고 수잔이 조용하게 말했다. "아마 너도 한 번 들러 봐야 할 것 같아. 상태가 별로 안 좋아."

 순간 코니의 얼굴은 수치로 붉게 변했다. 친구들에게 다가가야 할 때 코니는 도리어 친구들이 자기에게 다가와 주기를 기다리고 있었던 것이다. 우정은 쌍방향 관계다. 오늘 당신이 전화해야 할 사람은 누구인가?

> 남에게 대접을 받고자 하는 대로
> 너희도 남을 대접하라 (눅 6:31)

25

· · · · ·

참된 인격은 어둠 속에서 나타난다

여러 면에서 볼 때 어니스트 샤클레톤의 남극 항해는 위험해 보였다. 샤클레톤과 승무원들은 목적지인 남극까지 도달하기 위해 3,380km에 이르는 얼어붙은 황량한 바다를 가로질러가야만 했다. 목적지까지 150km를 남겨둔 지점에 이르렀을 때, 샤클레톤은 승무원 전체의 목숨이 위험할 수 있지만 이 항해를 계속하기로 했다. 그는 승무원들에게 얼음에 갇혀버린 '인내호'―항해하던 배―를 버리라고 명령했다. 그리고 나서 그들의 구조선을 출항시킬 수 있는 곳까지 구조선을 함께 끌면서 남극의 황무지를 가로질러 322km를 걷기 시작했다. 1,609km 떨어진 곳에 남 조지아 섬이 있는데 그곳까지 가야 생존에 대한 희망을 가질 수 있었다.

샤클레톤은 일기에서, 각 사람에게 마지막 식량을 나누어 주던 밤에 대해 이야기했다. 어떤 사람들은 얼음을 녹여 만든 약간의 차와 마른 비스킷을 먹었으며, 또 다른 사람들은 앞으로 어떤 일이 있을지 몰라 배낭에 자신의 식량을 넣어 두었다. 샤클레톤이 자려고 누웠을 때 그는 승무원 중 한 사람이 다른 동료의 가방을 여는 것을 목격했다. 샤클레톤은 자신이 매우 신뢰하던 사람 중 한 명이 동료의 음식을 훔치려 한다는 생각을 하자 충격에 휩싸였다. 그러나 샤클레톤이 다시 보았을 때, 그 사람은 오히려 자신의 소중한 음식을 동료를 위해 슬쩍 넣어 두는 것이었다.[9]

진정한 영웅은 단지 외적으로 성공하고 승리한 사람들이 아니다. 진정한 영웅은 때로 실패에 직면했을 때 가장 밝게 빛난다. 무엇이 당신 안에 있는 영웅을 밖으로 이끌어낼 것인가?

> 정직한 자의 성실은 자기를 인도하거니와 (잠 11:3)

고등학교 상급생인 짐은 타율이 평균 4할2푼7리이고, 자신이 소속한 팀을 승리로 이끌었다. 또한 짐은 미식축구 팀의 쿼터백이며, 주 대회 경기에서 팀을 준결승에 이르게 했다. 또 나중에는 뉴욕 양키즈 투수가 되었다.

　이것은 어떤 선수도 이루기 어려운 놀라운 성취였는데, 더구나 오른손이 없이 태어난 짐에게는 상상하기 힘든 일이었다.

> 역경이 어떤 사람에게는 파멸의 원인이지만, 어떤 사람에게는 새로운 기록을 세우는 기회가 된다.

　뉴욕 양키즈 경기가 끝난 어느 날, 한 손에 손가락이 두 개밖에 없는 한 어린 소년이 클럽하우스에 와서 짐에게 말했다. "캠프에서 아이들이 나를 '게'라고 불러요. 형도 애들에게 놀림받은 적 있었어요?"

　"응, 아이들은 내 손을 발 같다고 했단다." 하고 짐이 대답했다. 그러고 나서 짐은 그 소년에게 한 가지 아주 중요한 질문을 했다. "그렇다고 네가 할 수 없는 게 있니?" 그 소년은 "아니오." 하고 대답했다. "음, 나도 그렇지 않다고 생각해." 하고 짐이 맞장구

쳤다.

어떤 한계도 우리가 그렇게 여길 때만 우리를 제한할 수 있다. 하나님은 우리를 제한된 존재로 바라보지 않으신다. 왜냐하면 하나님은 우리에게 무한한 잠재력을 주셨기 때문이다. 하나님께서 우리를 바라보시는 시각대로 우리도 자신을 바라보기 시작할 때, 우리가 깨뜨릴 수 없는 기록은 없다!

> 네가 만일 환난날에 낙담하면
> 네 힘의 미약함을 보임이니라 (잠 24:10)

26

· · · · ·

'아니오' 라고 말할 줄 알자.
때로는 그것이 영어를 잘하는 것보다
더 유용할 수 있다

에이미 카마이클이 "아니오"라고 말했을 때, 그것은 게으름이나 이기심에서 말한 것이 아니었다. 그녀는 50년 넘게 인도의 천민들, 특히 어린 소녀들과 함께 사역했다. 에이미는 엄청난 사고를 당한 후, 가난한 사람들을 위해 20년 넘게 환자들의 침대 곁에서 그들을 돌봤다. 그녀는 그 기간 동안 이미 쓴 23권의 책에 13권의 책을 더 썼다. 에이미의 삶은 하나님을 향해 용기 있게 '예' 라고 말한 자기희생의 삶으로 특징지을 수 있다.

에이미의 성공은 헌신과 고된 사역에 기인한 것이지만, 또 다른 성공 사유를 들자면 삶에서 '여유를 갖는' 그녀의 습관을 들 수 있다. 그녀는 스스로 이러한 유익을 누릴 뿐 아니라 함께 일하는 모든 사람들에게도 이것을 연습시켰다. 에이미는 바쁜 일정 가운데서도 독서와 휴식, 그리고 개인적인 발전을 위해 시간을 보냈다. 그녀는 '아니오'라고 거절할 때를 알았다. 당신은 어떠한가?[10]

'아니오'라고 말해야 한다는 것을 알면서도 '예'라고 말하게 하는 것은 무엇인가? 다른 사람들을 실망시키는 것에 대한 두려움인가? 더 큰 수입에 대한 필요인가? 아니면 직면하는 것을 회피하려는 바람 때문인가? 단지 단순히 충동적으로 그러는 것인가? 당신의 마음이 '아니오'라고 말했으나 실제로는 '예'라고 말했다면 말한 것을 헌신적으로 수행하는가? 아니면 억지로 하면서 변명하는가? 이도저도 아니면 실패해서 다시는 그런 것을 부탁받지 않으려고 하는가? 아마도 지금이 당신의 삶에서 '여유를 남겨 두어야 할' 때일지도 모르겠다.

> " 오직 너희는 그렇다 하는 것은 그렇다 하고
> 아니라 하는 것은 아니라 하여 죄 정함을 면하라 (약 5:12)

테디 루스벨트가 1897년 6월 2일에 로데 섬의 뉴포트에 위치한 해군사관학교의 연설을 요청받았을 때, 그의 연설 주제는 '준비됨'이었다. 그는 평화를 지키는 유일한 방법은 임전태세를 갖추는 것이라고 연설했다. 그리고 전쟁을 준비하는 유일한 길은 해군력을 증강하는 것이라고 했다. 그 연설은 애국심을 불러일으키기에 충분했다.

다음 해 2월에 메인 주가 폭격을 받았고 264명의 선원이 죽게 되었다. 미국 전역의 사람들은 "메인을 기억하라!"고 울부짖었다. 4월에 메킨리 대통령은 의회에 선전포고를 요청했다.

> 사람들이 약속하는 것은 비슷하다. 단지 그 약속을 실행하느냐 하지 않느냐가 다를 뿐이다.

여러 가지 분명한 이유로 미국인들은 루스벨트가 전쟁을 지지했음에 대해 놀라지 않았다. 그러나 대부분의 미국인들은 테디 루스벨트가 선전포고 3주 후에 해군 참모 직위를 사임하고 전쟁터에 나갈 준비를 하는 것에 놀랐다. 친구들은 정치적인 장래를 이와 같이 버리는 행동이 미친 짓이라고 말했다. 루스벨트의 아내도 반대했다. 그러나 루스벨트를 잘 아는 사람들은 반대해도 소용없다는 것을 알았다. 그는 싸움에 참전했다.

후에 루스벨트는 자녀들에게 왜 자신이 참전해야만 했는지 그 이유를 말하고 싶었다. 그는 단지 자신이 한 말과 행동이 다르지 않기를 바란 것이다.

이러한 방식으로 인생을 살아갈 때, 당신은 일반적인 사람들 속에서 위대한 사람으로 구별될 것이다.

> 많은 사람은 각기 자기의 인자함을 자랑하나니 충성된 자를 누가 만날 수 있으랴 (잠 20:6)

27

· · · · ·

다리에 도착하고 나서 건너라.
우리는 미처 도착하지 못한 다리를
건너려고 궁리하느라 낙심하며 인생을 허비한다

1863년 뉴욕의 브룩클린 다리는 기적적으로 만들어졌다. 전 세계의 교량 건설 전문가들이 존 로블링에게 "당신이 계획한 다리는 결코 성공할 수 없을거요."라고 충고했다. 그러나 로블링은 자신의 아이디어를 믿었고 그의 아들 워싱턴도 아버지의 아이디어를 믿었다. 아버지와 아들은 혁신적인 계획을 함께 발전시켰고 건설 인부들을 고용했다.

그러나 건축이 시작된 지 몇 달 만에 사고가 터져 로블링은 죽었고, 워싱턴은 영구적인 두뇌 손상을 입은 채 살아가게 되었다. 로블링만이 다리를 어떻게 건설해야 하는

지 알았기에 모든 사람들은 곧 그 프로젝트가 무산될 것이라고 생각했다. 그러나 워싱턴은 다른 계획을 세웠다. 걷지도 말하지도 못하는 상태였지만 워싱턴의 지각력은 그 어느 때보다도 날카로웠다. 병원에 있는 동안 워싱턴은 아내와 의사소통하는 자신만의 방법을 개발했다. 한 손가락만 움직일 수 있었던 워싱턴은 그 한 손가락을 팔에 암호를 만들어 두드리는 것으로 사용했다. 워싱턴이 아내에게 지시를 내리면, 아내가 기술자들에게 전달해서 다리를 완성하도록 했다. 13년 동안을 그렇게 해 오던 어느 날, 워싱턴은 그 '기적'의 다리를 완성하기 위한 마지막 지시사항을 인내하며 두드렸다.

우리는 때로 불가능한 꿈이라고 하며 너무 빨리 포기해 버린다. 당신 앞에 당신의 인생보다 더 크게 떠오르는 목표가 있는가? 당신이 성취할 수 있는 것에 대해서만 책임이 있을 뿐이다. 포기하지 말라. 시작하라!

그러므로 내일 일을 위하여 염려하지 말라
내일 일은 내일 염려할 것이요
한 날 괴로움은 그날에 족하니라 (마 6:34)

1877년 조지 이스트만(George Eastman)은 사진 촬영술이라는 놀라운 세계를 보통 사람들도 접하게 하겠다는 꿈을 가졌다. 당시 야외에서 작업하는 사진사는 부피가 큰 많은 장비들을 직접 운반해야 했다. 이스트만은 이러한 장비들을 줄일 수만 있다면 뭔가를 할 수 있을 것 같다는 생각으로 이론을 세웠다.

　이스트만은 낮에는 은행에서 일하고 밤에는 집에서 화학 서적과 사진에 관한 잡지를 읽었다. 외국어 수업도 받았기에 프랑스어와 독일어로 된 출판물도 읽을 수 있었다. 그리고 나서 1881년에 한 파트너와 자신의 회사를 설립하여 운영하기 시작했다. 그러나 곧 그가 발명한 '마른 판(dry plates)'에 문제가 생겼다. 이스트만은 그것을 구입한 사람들에게 돈을 되돌려 주고는 연구실로 들어갔다. 그로부터 3개월 동안 472회의 실험을 거듭한 끝에, 이스트만은 자신이 찾던 지속성 있는 감광유제를 발견하게 되었다!

> 단기적인 실패로 좌절하지 않도록 장기적인 목표를 세워야만 한다.

이스트만은 오랫동안 기구를 설계하느라 공장에서 사용하는 접이식 의자에서 잠을 자곤 했다. 그는 사진판을 위한 유리를 대치하기 위해 지금의 필름으로 알려진 얇게 감은 유연한 물질을 개발해냈다. 무거운 삼발이를 대치하기 위해서는 포켓용 카메라를 개발했다. 1895년경 사진술은 마침내 '보통 사람들'도 유용하게 쓸 수 있게 되었다.

조지 이스트만이 장기적으로 세운 비전은 실험을 471번이나 실패했는데도 포기하지 않고 지속할 수 있도록 해 준 동기가 되었다. 당신의 궁극적인 꿈을 간직하고 단기적으로 성취할 수 있는 목표를 세워라. 그러면 어느 순간 자신도 모르게 그 비전이 실재가 될 것이다!

> **❝** 믿음의 주요 또 온전케 하시는
> 이인 예수를 바라보자 저는 그 앞에 있는 즐거움을 **❞**
> 위하여 십자가를 참으사
> 부끄러움을 개의치 아니하시더니
> 하나님 보좌 우편에 앉으셨느니라 (히 12:2)

할 수 없는 것을 분명하게 인식하라

20세기 초에 탈옥의 명수로 알려졌던 헤리 후디니는 가는 곳마다 도전장을 내걸었다. 그는 나라 안에 있는 어떤 감옥이라도 몇 분 내에 탈출할 수 있다고 공공연히 떠들고 다녔다. 실제로 그가 방문한 모든 도시마다 이러한 주장이 사실로 입증되었다.

그런데 한번은 뭔가 잘못되었다는 느낌이 들었다. 후디니는 허름한 옷을 입은 채 감방으로 들어갔다. 그가 들어간 후 무거운 철문이 쨍그렁 울리면서 닫혔다. 후디니는 허리띠에서 강하면서도 유연성 있는 금속을 꺼내들었다. 그러고는 감방의 자물쇠 여는 작업을 시작했지만 곧 뭔가 잘못되었음을 눈치챘다. 후디니는 문을 열려고 30분 동안 애를 썼으나 아무 소용이 없었다. 한 시간이 지났다. 이것은 탈출하는 데 있어서 보통 때보다 훨씬 더 많은 시간이 걸린 것이다. 후디니는 식은 땀이 나기 시작했고 분노로 헐떡였다. 그러나 여전히 자물쇠를 열 수 없었다.

두 시간 동안 애쓴 후디니는 가까스로 실패감을 떨쳐버리고는 철문에 기댔다. 그런데 놀랍게도 문이 활짝 열리는 것이 아닌가! 처음부터 그 문은 잠겨 있지 않았던 것이다!

우리에게는 단지 그렇게 생각했기 때문에 불가능하게 여겨지는 도전들이 얼마나 많은지 아는가? 우리가 마음과 에너지를 그곳에 집중할 때, 그리고 우리 사전에서 '할 수 없다'는 단어를 지워버릴 때, 불가능한 임무들은 거의 언제나 성취할 수 있는 형태로 바뀐다.

> 내게 능력 주시는 자 안에서
> 내가 모든 것을 할 수 있느니라 (빌 4:13)

그레이스 호퍼는 태어날 때부터 어떻게 물건들이 작동하는지 알려는 욕망이 컸다. 일곱 살 때는 호기심 때문에 집에 있는 모든 시계를 해부했다. 그 후 그레이스는 어린 나이에 예일대학교에서 수학박사 학위를 받았다. 제2차 세계대전 동안에는 해군에 입대해서 하버드대학교에서 해군 계산 프로젝트를 맡았다. 그녀는 그곳에서 처음으로 제대로 작동하는 디지털 계산기인 '하버드 마크 I'을 만났다.

> 미래는 자신의 아름다운 꿈을 믿는 자들의 것이다.

어린 시절 집에서 뜯어본 시계와 다르게 '하버드 마크 I'은 75만 개의 부속과 80km 길이의 전선으로 되어 있었다. 대부분의 전문가들이 컴퓨터는 너무 복잡하고 고도로 훈련된 과학자들만이 사용할 수 있는 비싼 것이라고 생각했지만 그레이스는 그렇게 생각하지 않았다. 그녀의 목표는 컴퓨터가 어떻게 작동하는지 이해하는 것이었고, 머리 아픈 과정을 단순화하여 더 많은 사람들이 사용할 수 있게 하는 것이었다. 그렇게 만든 작업으로 프로그래밍 언어인 코볼(COBOL)이 생겨나게 되었다.

1963년 말경 각각의 대형 컴퓨터는 고유한 언어를 가졌다. 그레이스는 보편적으로 받아들이는 언어를 주창하는 사람이 되었다. 그녀는 언젠가 '하버드 마크 I'보다 강력하고 책상에 앉아 사용하기에 충분할 만큼 작아서 사무실, 학교와 가정에서 컴퓨터를 사용할 수 있는 날이 올 것을 상상했다. 그레이스는 79세가 되었을 때 해군 소장으로 미 해군에서 은퇴했다. 그러나 그레이스에게 더 중요한 것은 개인 컴퓨터에 대한 꿈이 실현되는 것을 살아서 보게 되었다는 것이다!

당신의 꿈을 믿어라. 하나님과 함께할 때 모든 것이 가능하다.

> 믿는 자에게는 능치 못할 일이 없느니라 (막 9:23)

29

• • • • •

미래는 가능성을 미리 보는 자의 것이다

에니악(ENIAC)은 빛의 빠르기로 계산하도록 만들어진 전자 회로를 사용하는 1세대 컴퓨터 중 하나다. IBM의 전 회장 토머스 왓슨(Thomas J. Watson)은 처음에 그것을 쓸모없는 것으로 생각했다. 토머스 회장은 "나는 어떤 사람들이 라이트 형제의 비행기에 반발했던 식으로 에니악에 대해 반발합니다. 그것은 전혀 필요하다고 생각하지 않아요. 나는 이 거대하고 비싸면서 신뢰할 수 없는 기계를 사업상 필요한 도구로 볼 수 없었습니다."라고 말했다.

몇 주 후에 토머스 회장과 그의 아버지는 IBM 연구실로 가서, 검은 상자에 고도의 속도로 펀치 카드 기계를 설치하는 기술자를 만났다. 무엇을 하고 있느냐는 질문에 그 기술자는 이렇게 말했다. "라디오 진공관을 번식하는 중입니다." 그 기계는 표준 펀치 카드 기계가 작업하는 시간의 10분의 1의 시간에 임금총액을 계산했다. 토머스 회장은 놀랐다. 토머스 회장과 그의 아버지는 세상에서 처음으로 사업적으로 전망 있는 전자계산기를 가질 생각을 하게 되었다.

그것이 바로 IBM이 전자 세계에 들어오게 된 과정이다. 1년 안에 그들은 복합적이고 분할된 전자 회로를 갖게 되었고, 그 당시에 전자계산기는 굉장히 유용했다. IBM 604는 수천 개가 넘게 팔려 나갔다.

토머스 왓슨에게는 분명하지 않던 것이 연구 부서에서 일하던 그 기술자에게는 분명했다. 항상 귀와 눈을 열어 두면, 당신은 일찍이 발견하리라고는 생각지 못했던 것을 알게 된다. 당신 주위에 있는 가능성들을 찾아보라.

" 이 묵시는 정한 때가 있나니
… 지체되지 않고 정녕 응하리라 (합 2:3)

올림픽 선수들 대부분이 어린 시절을 어떻게 보냈다고 생각하는가? 수영, 레슬링, 혹은 달리기를 하면서 보냈겠는가? 윌리어메트 루돌프는 아기였을 때 수축 소아마비를 앓아 목발을 짚으며 어린 시절을 보냈다. 그러나 윌리는 열세 살이 되었을 때 일단 목발을 없앴고, 다리를 강하게 하기 위해 달리기를 시작했다. 다른 아이들을 따라잡을 동안 한 번도 쉬지 않고 계속 달리기를 해서 마침내 가장 빠른 경주자가 되었다.

스무 살이 되었을 때 윌리는 1960년도 올림픽에서 금메달 세 개를 획득했다. 비록 육체적인 도전을 극복한 승리가 놀랄 만한 것이었지만 윌리가 싸운 싸움은 그것만이 아니었다. 아프리카계 미국인 가정에서 가난하게 태어난 윌리는 스물두 명의 아이들 중에 스무 번째였다. 가난과 인종차별 혹은 육체적인 제한 그 어느 것도 윌리의 미래를 좌우하지는 못했다. 윌리는 열심히 노력했고 지속적으로 결승선을

> 내가 젊었을 때 했던 열 가지 중에 아홉 가지가 실패했다는 것을 알게 되었다. 나는 실패하는 것을 원치 않았기에 열 배는 더 노력했다.

바라본 결과 가능성을 현실로 바꾸었다.[11]

단지 어떤 것이 어렵다는 이유가 그것을 불가능하게 만드는 것은 아니다. 당신의 삶에서 무엇을 포기한 적이 있는가? 그것은 아마도 습관을 깨거나 장기적인 목표에 도달하는 것일지도 모른다. 그것이 무엇이든 간에 실패란 오직 당신이 시도하기를 멈추는 것이다. 기도, 근면, 그리고 인내가 성공의 열쇠들이다. 당신의 삶에서 더 부지런히 추구할 수 있는 한 가지 목표는 무엇인가?

> 손을 게으르게 놀리는 자는 가난하게 되고
> 손이 부지런한 자는 부하게 되느니라 (잠 10:4)

30

· · · · ·

행운이란 기회를 만날 준비를
어떻게 했느냐에 달려 있다

우리는 알래스카에 있는 덩치 큰 수컷 사슴에게서 많은 것을 배울 수 있다. 매번 새끼를 배는 가을 동안, 수컷들은 누가 힘이 센지 겨루기 위해 싸운다. 그들은 뿔이 부서질 정도로 부딪치며 머리를 맞대고 싸운다. 사슴은 뿔이 유일한 무기이기 때문에 뿔이 부러진 쪽이 지게 된다.

일반적으로는 크고 강한 뿔을 지닌 억센 사슴이 이긴다. 그러므로 그 싸움은 거의 대부분 여름 이전에 미리 결판이 난다. 그때 사슴들은 거의 24시간 먹는다. 뿔이 잘 자랄 수 있도록 가장 좋은 풀을 먹은 사슴은 체중이 늘고 잘 싸워 승리자가 될 것이다. 그러나 부족하게 먹은 사슴은 뿔이 약해지고 크기도 작게 된다. 싸움 자체는 두뇌보다는 힘, 기술보다는 뿔의 크기에 더 의존한다.

　많은 사람들이 자신을 성공으로 인도할 어떤 비상한 기회, 즉 '대박'이 터지기를 기다리며 서성거린다. 그러나 성공하는 사람들은 대부분 언제나 자신에게 기회가 왔을 때 붙잡을 수 있도록 준비하는 데 시간을 투자한다. '대박'을 기다리느라 앉아서 세월을 허비하는 사람들은 그것을 발견하지 못할 것이다. 연구하고 연습하며, 조사하고 개발해서 재능과 기술을 갈고 닦는 사람만이 그것을 발견할 것이다. 알래스카 숫염소를 통해 교훈을 배워라. 내일의 기회를 위해 오늘 준비하라.

 지혜로 행하여 세월을 아끼라 (골 4:5)

앨버트 아인슈타인은 관습의 압제를 완전히 무시했던 사람으로 알려졌다.

어느 날 저녁 스와스모어대학 학장이 아인슈타인에게 표창을 수여하려고 만찬에 초대했다. 아인슈타인은 훈장을 수여받은 후 연설할 계획이 없었지만 청중들이 "한마디 해주세요. 한마디 해주세요." 하고 외치자 학장이 연단을 그에게 넘겼다.

> 모든 재능 중에 가장 가치 있는 것은 할 말이 있을 때만 말하는 것이다.

아인슈타인은 마지못해 앞으로 나갔고 "신사숙녀 여러분, 대단히 죄송하지만 저는 할 말이 없습니다."라는 말만 하고는 자리에 그냥 앉았다. 그러고는 몇 초 후에 다시 일어나더니 "뭔가 할 말이 생기면 그때 다시 오겠습니다." 하고 말했다.

6개월 후에 아인슈타인은 학장에게 "이제 할 말이 생겼어요."라는 메시지를 전달했다. 다시 만찬 계획이 잡혔고 이번에는 아인슈타인이 연설했다.

만일 당신이 할 말이 없다면 아무 말도 하지 않는 것이

현명하다. 만일 무언가 할 말이 있다면, 가능한 한 짧게 그것을 표현하는 것이 지혜롭다. 옛 속담에 이런 말이 있다. "만일 네 머리가 텅 비어 있다면 침묵을 지켜라."

> 말이 많으면 허물을 면키 어려우나
> 그 입술을 제어하는 자는 지혜가 있느니라 (잠 10:19)

31

• • • • •

게으름이 종종 인내로 오해된다

미국 역사상 가장 강력한 설교자 중 한 사람인 헨리 워드 비처는 설교 중에 이런 예화를 들었다.

"높은 바위에서 메말라 가는 바닷가재는 바다로 되돌아가기에 충분한 힘은 있지만 지각이 없습니다. 다만 바닷물이 자신에게 되돌아오기만 기다릴 뿐입니다. 만일 바닷물이 되돌아오지 않으면 그 바닷가재는 그곳에 머물다가 말라 죽고 맙니다. 그러나 조금만 노력한다면 자신이 있는 1미터 지점 앞에서 넘실대는 파도에 도달해서 살 수 있을 것입니다."

인생에도 사람들을 '곤란한 지점'으로 몰아가는 파도가 있다. 그 파도는 바닷가재를 궁지에 몰아넣은 것처럼 사람들을 그곳에 그냥 남겨 둔다. 만일 사람들이 파도가 밀어

닥친 지점에 누워서 어떤 거대한 다른 파도가 그들을 태워 부드러운 물속으로 다시 인도해 줄 것을 기대한다면, 그들이 바라는 기회는 결코 오지 않을 것이다.

 게으름은 아무것도 하지 않고, 아무것도 기대하지 않으며, 아무것도 아닌 존재로 만든다. 한편 인내는 당신이 기다리는 것이 반드시 실현되리라는 희망을 가지고 일하는 것이며, 그렇게 되지 않더라도 계속 일하는 것이다.

> 이러므로 우리에게 구름 같이 둘러싼
> 허다한 증인들이 있으니 모든 무거운 것과
> 얽매이기 쉬운 죄를 벗어 버리고 인내로써
> 우리 앞에 당한 경주를 경주하며 (히 12:1)

제조업체를 성공적으로 운영해 오던 한 사업가가 어느 날 은퇴하기로 결심했다. 사업가는 자신의 결심을 알리려고 아들을 불렀다. "아들아, 다음 달부터는 모두 네가 맡아서 운영하도록 해라." 아들은 그 사업체를 물려받고 싶고 또 자신만의 브랜드를 이끌어가고 싶은 마음이 있었지만, 한편으로 자신이 아주 무거운 책임감에 직면해 있다는 사실을 깨달았다. 그러자 아들이 이렇게 말했다. "아버지! 가르침을 주신다면, 어떤 말씀이라도 달게 받겠습니다."

> 우리 인생에서 일어나는 문제의 절반은, 너무 빨리 '예'라고 대답하고 한발 늦게 '아니오'라고 말하는 데서 비롯된다.

아버지는 "내가 이 사업을 성공적으로 이끌 수 있었던 것은 두 가지 원칙을 지켰기 때문이란다. 그것은 신뢰와 지혜다. 첫째, 신뢰를 받아라. 네가 그 달 10일까지 제품을 납품하기로 약속했다면, 무슨 일이 있어도 그 날짜에는 제품을 납품해야 한다. 고객들은 지연된 이유에 대해서는 관심을 두지 않는단다. 단지 그것을 실패로 여길 뿐이지. 설령 이 원칙을 지키기 위해서 초과 근무를 하거나, 두 배의 시간을 투자하거나, 또는 네게 아주 귀중한 시간을 희생하게 되더라도, 너는 반드시 약속대로 이행해야만 한다."

아들은 잠시 동안 이를 깊이 생각해 보더니 다시 물었다. "그러면 지혜는 무엇입니까?" 아버지는 곧이어 "지혜는 지키지 못할 약속을 처음부터 하지 않는 것이지."라고 받아쳤다.

자신의 말을 분명하게 입증하려면 주의 깊게 자신의 능력을 가늠해 봐야 한다. 그리고 말을 하기 전에 약속을 이행할 수 있을지 확인해야 한다. 명성을 얻는 가장 큰 부분은 바로 자신이 내뱉은 말을 지킬 줄 아는 능력이다.

> 네가 언어에 조급한 사람을 보느냐 그보다 미련한 자에게 오히려 바랄 것이 있느니라 (잠 29:20)

32

・・・・・
실패할 원인이 되는 승리보다는
승리할 원인이 되는 실패를 하라

호노리우스가 로마의 황제였을 때, 거대한 콜로세움은 종종 각 도시가 후원하는 게임을 보기 위해 각처에서 온 관중들로 가득 차곤 했다. 경기 중에는 인간이 맹수와 싸우다 둘 중 하나가 죽는 것도 있었다. 몰려든 군중은 이러한 경기가 있는 날을 휴일로 삼았고, 인간이 죽게 될 때 무척 쾌락을 느꼈다.

그러던 어느 날 경기장의 수많은 무리 중에 텔레마쿠스라는 이름의 시리아 수도사가 있었다. 텔레마쿠스는 인간 생명의 가치가 이처럼 경시되는 것에 대해 정곡을 찔러 말했다. 그는 검투사 쇼가 진행되는 동안 관중석에서 경기장으로 뛰어들며 외쳤다. "이런 일은 합당치 않습니다! 이런 일은 이제 그만해야 합니다!"

텔레마쿠스가 경기를 방해했기 때문에 당국자들이 그를 죽이라고 명했고, 텔레마쿠스는 결국 죽고 말았다. 그러나 텔레마쿠스의 죽음은 결코 헛되지 않았다. 텔레마쿠스가 외친 작은 불꽃이 근처 로마 시민들의 양심에 불을 붙였고, 수개월 후에 검투사 경기는 폐지되었다.

더 큰 잘못이 일어날수록 더 크게 그것에 반대해서 외쳐야 한다. 대의명분이 더 훌륭할수록 우리는 그것을 더 칭찬해야 한다.

> 항상 우리를 그리스도 안에서 이기게 하시고 우리로 말미암아 각처에서 그리스도를 아는 냄새를 나타내시는 하나님께 감사하노라 (고후 2:14)

구세군 장교인 쇼가 자기 앞에 선 세 사람을 보았을 때 눈물이 솟았다. 쇼는 인도에 막 도착한 의료선교사다. 그는 나병환자가 있는 지역의 구세군을 맡았다. 그 앞에 있는 세 사람은 손과 발이 수갑과 족쇄로 묶여 있었다. 그들의 뼈는 짓무른 살갗 속으로 고통스럽게 패어 있었다. 쇼 대장은 보초에게 "수갑과 사슬을 풀어주시오."라고 말했다.

"안전하지 않습니다."라고 보초가 말했다. "이 사람들은 문둥병자일 뿐 아니라 위험한 죄수들입니다!"

> 당신의 이름을 돌판이 아닌 마음판에 새겨라.

"내가 책임지겠소. 그들은 이미 충분히 고통을 당했소." 하고 쇼가 말했다. 그러고 나서 그는 직접 열쇠를 들고 무릎을 꿇고서 그들의 묶인 사슬을 부드럽게 풀어 주며, 피가 흐르는 발목과 손목을 치료해 주었다.

2주 후에 쇼는 이틀 동안 혼자 다른 곳을 다녀와야만 했다. 그는 아내와 아이들의 안전이 염려되어 홀로 떠나기가 두려웠다. 그런 그의 아내가 다음 날 아침 문 앞 계단에 세 명의 죄수가 누워 있는 것을 보고 깜짝 놀랐다. 그들 중 한 명이 말했다. "우리는 의사 선생님이 혼자 다녀오시는 것을 알았습니다. 그래서 여기서 밤을 새면서 당신에게 아무 일도 생기지 않도록 지켰습니다."

비록 위험한 사람이라 할지라도 사랑의 행동에 감응할 수 있다! 사람들의 삶을 어루만지는 것만이 당신이 남길 수 있는 가장 중요한 기념비다.

> 너희가 우리의 편지라 우리 마음에 썼고
> 뭇사람이 알고 읽는바라 너희는 우리로 말미암아
> 나타난 그리스도의 편지니 이는 먹으로 쓴 것이 아니요
> 오직 살아 계신 하나님의 영으로 한 것이며 또 돌비에
> 쓴 것이 아니요 오직 육의 심비에 한 것이라 (고후 3:2-3)

33

· · · · ·

근면을 이길 수 있는 가난은 없다

어느 날 한 젊은 기자가 성공한 사업가를 인터뷰했다. 기자는 회사의 자세한 내력을 이야기해 달라고 요청했다. 사업가의 긴 이야기를 들으며, 기자는 사업가가 극복한 크고 작은 많은 문제들에 대해 놀라기 시작했다. 마침내 기자가 물었다. "그런데 어떻게 그렇게 많은 일들을 극복할 힘을 얻으셨나요?"

사업가는 의자에 기대면서 이렇게 말했다. "어떤 특별한 비결이 있는 것은 아닙니다. 음… 어떤 문제들은 너무 높아서 넘을 수 없을 것처럼 보이기도 합니다." 기자는 자신이 직면한 최근의 여러 일들을 생각해 보면서 고개를 끄덕였다. 그러자 그 사업가는 "그리고 어떤 문제들은 범위가 너무 넓어서 당신이 그 문제의 주변에 다가서지 못하는 것도 있습니다." 하고 덧붙였다.

기자는 다시 고개를 끄덕였다. 사업가는 목소리를 높이면서 말했다. "그리고 어떤 문제는 너무 깊어서 당신이 그 아래까지 파고들 수 없는 것도 있습니다." 해결책을 갈망하던 기자는 "예? 예?" 하고 물었다.

사업가는 "바로 그럴 때 문제를 해결하는 유일한 길은 머리를 숙이고 곧장 그 문제를 향해 돌진하는 것입니다." 하고 결론지었다.

문제는 그저 바라보거나 서성거릴 때는 좀처럼 그 크기가 줄어들지 않는다. 그러나 부지런히 해결책을 찾으면 문제는 반드시 줄어든다.

> ❝ 손을 게으르게 놀리는 자는 가난하게 되고
> 손이 부지런한 자는 부하게 되느니라 ❞ (잠 10:4)

1979년 3월 4일 뉴욕의 화이트페이스 산에서 필이 스키 대회에 참가했을 때, 미국의 스포츠팬들은 놀라면서 지켜보았다. 그가 코스에서 튕겨져 나가 산허리에 세게 내리꽂혔기 때문이다.

비극이 35번 게이트에서 발생한 것이다. 필은 스톡에 스키 안쪽이 걸렸고, 발뒤꿈치 위로 머리가 날아갔으며 허물어진 퇴적물에 처박혔다. 스키팀의 의사는 그 부상을 '치명적인 발목 부상', 즉 두 발목과 다리가 부러진 것이라고 설명했다. 그는 다리 뒤를 8cm 정도의 금속판과 나사 일곱 개로 고정시켜야 했다.

> 결코 절망하지 말라. 만일 절망한다면 그 절망 속에서도 계속 나아가라.

문제는 필이 스키를 다시 탈 수 있느냐가 아니라 그가 다시 걸을 수 있느냐 하는 것이었다. 그는 부상을 당해 깊은 절망 가운데 있던 그 당시에도 걷거나 스키를 다시 타는 것에 대해 결코 의심하지 않았다고 말한다.

목발을 짚은 지 두 달이 지나서 고도의 훈련 프로그램을 실시한 그는 목발 없이 걸으려고 시도했다. 그리고 8월에 완만한 경사지에서 스키를 다시 타기 시작했다. 사고 후 6개월도 되지 않아 그는 호주에서 열린 한 시합에 참가했고 2회전까지 마쳤다. 심각한 사고 후 1년도 안 된 1980년 2월에 필 메흐레는 사고를 당했던 바로 그 산에서 다시 도전했다. 그리고 올림픽 은메달을 목에 걸었다.

  패배와 절망이 당신을 위협하고 당신의 꿈을 짓누를 때도 계속 전진하라. 승리가 패배를 이기고 기쁨이 절망을 물리칠 것이다!

> 그런즉 너희는 강하게 하라
> 손이 약하지 않게 하라
> 너희 행위에는 상급이 있음이니라 (대하 15:7)

34

• • • • • •

하나님 없이 일생 동안 한 것보다
하나님과 함께한 한 시간에 더 많은 것을
성취할 수 있다

주께서 환상 가운데 아나니아라고 하는 사람에게 나타나셔서, 그가 분명히 위험한 임무라고 인식했던 일을 하도록 요구하셨다. 아나니아는 유다의 집에 가서 다소 출신의 사울이라는 사람에게 안수하고 시력을 되찾도록 기도해 주라는 지시를 받았다. 사울은 크리스천들을 핍박하기 위해 다메섹으로 가던 도중에 눈이 멀게 되었는데, 그는 그곳의 크리스천들을 예루살렘으로 끌고 와 고문하고 죽이려는 의도로 가득 찬 사람이었다. 그런데도 아나니아는 주께서 그에게 요청한 대로 행했고, 한 시간 이내에 사울의 시력이 회복되었다.

기독교 전승에 따르면, 아나니아는 그 후 사울의 생애에 무슨 일이 있을지 알지 못했던 그저 단순한 구두 수선공이었다. 하나님께 순종했던 아나니아의 단순한 행동이 사울을 사도 바울로 바뀌게 했고, 인간의 역사를 바꾸었다. 임종 시에 아나니아는 천국을 바라보며 이렇게 속삭였을 것이다. "주님, 저는 많은 일을 하지 못했습니다. 단지 구두를 만들고 수선했을 뿐입니다. 가난한 구두 수선공에게 기대할 것이 뭐가 있겠습니까?"

그때 주께서 아나니아의 마음에 이렇게 말씀하셨을 것이다. "아나니아야, 네가 얼마나 많은 일을 했는지 걱정하지 말아라. 너는 내가 필요로 할 때 그 자리에 있었고, 그것이 중요한 전부란다."

비록 한 시간에 불과할지라도 합당한 때에 올바른 장소에 있는 것은 당신으로 하여금 역사를 변화시킬 기회를 갖게 한다. 그곳에 있기 위해서 당신은 단순히 주의 음성을 듣고 순종하면 된다.

> 하나님으로서는 다 할 수 있느니라 (마 19:26)

네스 호(湖)에 있는 괴물 이야기는 기원 후 565년 이래로 스코틀랜드 고원 지대 사람들에게 회자되었다. 어떤 목격자들은 그 괴물이 뿔이 있다고 말했다. 다른 사람들은 그 괴물이 안테나 혹은 빨간 입을 크게 벌린다고 주장했다. 다른 사람들은 괴물이 낙타 모양이라고 우겼다. 사람들은 그것이 뱀 같은 원시 고래일지, 긴 목을 지닌 물개일지, 떠다니는 식물 덩어리일지 혹은 공룡일지 아니면 신기루일지 추측하기를 좋아했다.

> 무언가 의미 있는 일을 위해 일어서지 않으면 다른 하찮은 일에 빠질 것이다!

수중음파탐지기를 동원해서 230m 깊이의 호수를 여러 번 과학적으로 조사했지만 아무것도 발견하지 못했다. 그런데도 네스 호에서 어떤 설명할 수 없는 뭔가를 볼 수 있을 거라는 희망을 가지고 조사하려는 여행자나 지역 사람들이 끊이지 않았다.

네시(Nessie: 스코틀랜드의 네스 호에 산다는 괴물-역주)에 대한 믿음은 사실을 입증할 수 없는 어떤 것에 대한 믿음을 의미한다. 어떤 사람들은 하나님 믿는 것을 그와 같은 종류의 믿음으로 취급한다. 세상에는 하나님에 대한 구체적인 형상을 알려 줄 수 있는 사진이나 수중음파탐지기 같은 것은 없다. 하나님의 형상을 닮아 지어진 유일한 존재가 인간이다. 그러나 하나님이 만드신 작품은 물질적인 세상에서는 보이지 않는, 하나님이 살아계시고 행하신다는 '증거들' 중의 하나에 불과하다.

당신은 무엇에 믿음의 기초를 두는가? 어떻게 성장하였는지에 두는가, 직관에 두는가, 전통에 두는가, 개인적인 경험에 두는가? 성경은 하나님께서 행하신 일들에 대한 목격담으로 가득 차 있다. 당신 자신이 기록해야 한다면 무엇이라고 말할 것인가?

> **만일 너희가 믿지 아니하면
> 정녕히 굳게 서지 못하리라** (사 7:8)

35

• • • • • •

인내는 성공의 위대한 요소다.
문이 열릴 정도로 충분히 크고 오래
두드린다면 누군가가 문을 열어 줄 것이다

컨트리 뮤직 스타인 랜디 트라비스와 그의 매니저 립은 그들의 경력 중에서 별 볼일 없었던 3,650일을 기억했다.

10년 동안 립은 누군가가 트라비스의 재능을 발견해 줄 때까지, 자신의 클럽을 무슨 수를 써서든지 열어 두었다. 트라비스는 마음을 다해 노래했고, 노래 부르지 않을 때는 생선을 튀기거나 설거지를 했다. 그러던 어느 날 일이 터졌다. 모든 것이 그를 위해 계획된 것 같았다. 그는 한 곡 "On the other hand"로 히트치게 되었고, 앨범 계약, 순회공연 제안, 그리고 영화 계약까지 맺게 되었다. 그는 무척 바빠졌다! 모든 사람들은 그를 하룻밤 만에 성공한 사람으로 생각했다.

트라비스는 "우리는 내슈빌의 모든 음반 회사에서 적어도 한 번 이상 거절당했다. 그러나 나는 어떤 일이 조만간 일어날 것이라고 오랫동안 믿어온 사람 중 하나였다."라고 말했다.

인생의 많은 예에서 보듯이 인내가 차이를 만든다. 우리는 누구나 다 알고 있는 말처럼 곤란을 견딜 수 있다. 믿음을 중단하지 말라! 희망을 포기하지 말라! 결국 문은 열리게 될 것이다.

> 구하라 그러면 너희에게 주실 것이요
> 찾으라 그러면 찾을 것이요 문을 두드리라
> 그러면 너희에게 열릴 것이니 (눅 11:9)

오늘날에는 하와이에 있는 몰로카이 섬을 관광하는 여행이 근사하게 들리지만, 100년 전만 해도 그것은 사형선고와 같았다. 나병으로 일그러지거나 치명적인 병을 앓는 사람들을 그 황량한 섬으로 추방했다. 일단 추방된 사람들은 병원도 의사도 교사들도 없이 오직 그들의 비참함만 더 느끼게 하는 다른 나병환자들을 발견할 뿐이었다.

그런데 오직 한 사람만이 추방당한 사람들과 함께할 용기를 가졌다. 데미안 신부는 몰로카이 섬에 사는 환우들에게 영적인 위로를 주기 위해 먼 벨기에에서 그곳으로 왔다. 그러나 그는 환영받지 못했다. 그곳에 사는 사람들은 그를 냉대했다. 사람들은 그와 사귀려 하지 않았고, 그가 혼자서 교회를 지을 때도 도와주지 않았다. 그 섬에서 지낸 첫 10년 동안 데미안 신부는 자신이 바로 추방자임을 깨달았다. 외롭고 낙심한 그는 지금은 나병으로 알려진 한센병으로 매년 죽어가는 수백 명의 사람들을 위해 관을 만들고 무덤을 파느라 많은 시간

> 물가를 떠날 용기가 없이는 새로운 바다를 발견할 수 없다.

을 보냈다.

아이러니하게도 데미안 신부가 그 병에 걸렸을 때야 비로소 사람들은 그를 영접했다. 그의 끈질긴 믿음과 고된 수고로 인해 몰로카이 섬의 사람들은 마침내 의사의 치료를 받게 되었다. 비록 그로부터 6년 후에 데미안 신부는 죽었지만 그의 용기 있는 사랑의 행위는 한 때 가망 없는 사람으로 간주된 사람들에게 소망이라는 유산을 제공해 주었다.[12]

> 베드로가 배에서 내려 물 위로 걸어서 예수께로 가되 (마 14:29)

36

• • • • •

우표를 생각해 보라. 우표의 유용성은
목적지까지 우편물에 잘 붙어 있는
능력에 달려 있다

1987년 3월에 이몬 쿠프란은 인디애나폴리스에서 세계 실내육상경기 챔피언십에 도전하고 있었다. 아일랜드 사람인 그는 1,500m 세계기록 보유자였고, 따라서 그가 손쉽게 경기에서 우승할 것으로 예상했다. 그런데 불행하게도 두 바퀴 반을 남겨 둔 지점에서 넘어지고 말았다. 쿠프란은 다시 일어나 힘겹게 노력한 끝에 선두주자를 가까스로 따라붙을 수 있었다. 18m를 남겨 두고 그는 마지막 결승전에 참가할 충분한 자격이 되는 세 번째 위치에 있었다.

그때 쿠프란은 어깨 너머로 안쪽을 힐끗 보았다. 거기에 아무도 없는 것을 보고서는 속도를 약간 늦추었다. 그런데 그가 미처 알지 못하는 사이에 한 주자가 바깥쪽으로 전력을 다해 달렸다. 이 주자는 결승선 바로 1m 앞에서 쿠프란을 앞질렀고, 결국 쿠프란은 결승 진출에서 탈락되고 말았다. 넘어진 후 다시 만회하기 위해 쏟았던 그의 엄청난 노력이 단 하나의 실수로 물거품이 되고 말았다. 순간적으로 그는 잠시 결승선에서 시선을 떼었고, 안쪽에 다른 경쟁자가 있는지에 초점을 맞춘 것이다.

인생의 목표에 도달하는 데 있어서 가장 중요한 요소 중 하나가 한 초점에 전심전력하는 것이다. 다른 사람이 하는 말이나 행동으로 인해 당신 자신의 초점을 흐트러뜨리지 말라! 이기도록 최선의 경주를 다하라!

내가 선한 싸움을 싸우고 나의 달려갈 길을 마치고 믿음을 지켰으니 (딤후 4:7)

사람들은 종종 심장수술을 하는 외과의사를 의학계의 독보적인 존재로 생각한다. 인공심장 분야를 개척했던 윌리엄 드브리스 박사를 아는 사람들은 더욱더 이것에 동의할 것이다. 켄터키 주 루이스빌에 있는 후마나병원 동료들은 드브리스를, 매주 일요일마다 낙심한 환자들의 기운을 북돋기 위해 나타나는 의사라고 설명한다. 드브리스는 가끔 간호사들의 일인 환자복 갈아입혀 주는 일을 했고, 환자가 대화를 원할 때는 대화에 응해 주었다.

> 제2바이올린을 잘 켜는 것(2인자 역할을 잘 하는 것)이 더 어렵다.

친구들은 드브리스를 어디에 가든지 적합하게 들어맞는 '오래된 구두'라고 불렀다. 그는 수술실에서 카우보이 장화 신기를 좋아하고, 종종 비발디나 재즈를 들으며 심장수술을 했다. "그는 항상 웃음을 머금고 웃음을 발산할 기회를 찾곤 했어요." 하고 루이스빌의 심장전문의 로버트 구딘이 말했다.

아무리 높이 올라갔다 할지라도 당신이 제로에서 출발

했다는 사실을 결코 잊지 말라. 비록 엄청난 부귀와 특권 가운데서 태어났을지라도 당신은 한때 무력한 갓난아기였다. 진정한 성공은 당신이 다른 사람의 섬김을 받는 자리에 도달했을 때가 아니라, 어느 자리에 있든지 다른 사람을 섬길 수 있는 자리에 있을 때라는 것을 인식해야 한다.

> **너희 중에 큰 자는 너희를 섬기는 자가 되어야 하리라** (마 23:11)

37

• • • • •

다른 사람의 인격을 묘사할 때만큼
자신의 인격이 분명히 드러나는 때는 없다

여러 달 동안의 연애 끝에 나폴레옹과 조세핀은 결혼하기로 결정했다. 결혼서약서를 작성한 서기는 조세핀의 친구 중 하나였다. 그는 비밀리에 조세핀의 결혼을 반대하면서 '유니폼과 검 외에는 장래가 모호한 보잘것없는 장교'라고 나폴레옹에 대해 충고했다. 그는 조세핀이 더 가치 있는 사람을 찾아야 한다고 생각했다. 매력적인 여자이기에 군수납품업자나 사업가 등 부자들의 마음을 충분히 끌 수 있을 거라고 말했다.

나폴레옹은 그 서기가 자기 애인에게 이렇게 충고할 때 옆방에 있었다. 나폴레옹은 모든 말을 다 들었으나 나폴레옹이 엿들었다는 사실은 아무도 몰랐다. 그리고 수년 후에 나폴레옹은 복수했다.

황제 대관식을 치르고 난 후 그때 그 서기가 업무상 나폴레옹 앞에 나타났다. 업무를 마칠 즈음에 나폴레옹은 미소를 지었고, 결국 '유니폼과 검 외에는 장래가 모호한 보잘것없는 장교'와 결혼하기를 잘했고, 그로 인해 프랑스의 여왕이 된 부인을 바라보았다.

그 서기는 부인이 잘한 결정이라고 억지로 동의해야만 했다. 그때 서기였던 그는 지금도 여전히 서기에 불과했다!

다른 사람에 대해 판단하기 전에 조심하라. 그럴 때 당신 자신을 드러내게 되며, 당신의 말이 도리어 당신에게 해가 될 수도 있다.

> **66** 선한 사람은 그 쌓은 선에서 선한 것을 내고
> 악한 사람은 그 쌓은 악에서 악한 것을 내느니라 (마 12:35) **99**

비록 우리는 신약의 원본을 갖지는 못했지만, 수세기에 걸쳐 성경을 필사한 사람들의 신실한 작업으로 원본의 99.9% 이상을 갖게 되었다.

필사한다는 것은 길고 힘든 과정이다. 옛날에 필사하는 사람들은 책상에 앉아서 필사한 것이 아니라, 서서 하거나 필사한 것을 무릎에 감으면서 벤치나 등이 없는 걸상 같은 것에 앉아서 작성했다. 그러한 작업이 얼마나 고된 일이었는지는 어떤 필사본의 끝부분에 쓰여 있는 다음과 같은 메모를 보면 알 수 있다.

> 삶을 가장 값지게 쓰는 것은 사후에도 계속 남게 될 무언가를 위해 투자하는 것이다.

• 쓸 줄 모르는 사람은 그것이 별로 힘든 일이 아닐 것으로 생각한다. 그리고 쓸 때는 오직 세 손가락만 움직이는 것으로 생각하지만 사실은 온몸이 노동하는 것이다.
• 누구의 허리에 대고 쓰는 것, 뱃속에 갈비뼈를 밀치는 것, 그리고 일반적으로 쇠약하게 하는 것
• 여행자가 집에 돌아올 때 기뻐하는 것처럼, 힘들게 책 쓰기를 마친 사람의 기분이 그러하다.

신실한 필사자들이 없었다면 오늘날 우리는 성경을 갖지 못했을 것이다. 한 필사자가 재치 있게 이렇게 논평했다. "죽지 않은 필사자는 없다. 그러나 그의 손으로 쓴 것은 영원히 남을 것이다."

당신이 인생에서 무슨 일을 할지 선택할 때 고려해야 할 많은 사항이 있다. 오늘 하는 일이 당신의 사후에도 오랫동안 영향을 미칠 것이라는 사실을 알 때 생기는 만족감을 평가절하하지 말라.

> 오직 너희를 위하여 보물을 하늘에 쌓아두라
> 거기는 좀이나 동록이 해하지 못하며
> 도적이 구멍을 뚫지도 못하고 도적질도 못하느니라 (마 6:20)

38

• • • • •

모든 사람의 작품은 그것이 문학이든
음악이든 그림이든 조각이든 간에 항상
그 사람의 초상화와 같다

1939년 부활절 일요일에 링컨기념관 앞에서 무료 음악회가 열렸는데, 라디오로 들은 수백만 명을 제외한다 하더라도 참석자만 7만5천 명이 되었다. 이 특별한 공연은 미국 콘트랄토 가수인 마리안 앤더슨을 위해 엘리너 루스벨트가 주선한 것이었다. 앤더슨은 흑인이었기 때문에 본래 공연하기로 계획했던 헌법 홀 대신에 기념관 계단에서 노래를 불러야 했다.

인종 때문에 거절된 것이 처음은 아니었지만, 앤더슨은 은혜로 인내했다. 헌법 홀을 소유했던 미국애국여성회 (DAR: The Daughters of the American Revolution)가 앤더슨을 어떻게 대했는지에 대한 공개적인 외침이 그들의 조직 전체를 변화시켰다. 4년 후에 미국애국여성회는 헌법 홀에서 중국을 구호하기 위한 자선음악회를 열고자 앤더슨을 초청했고 그녀는 흔쾌히 받아들였다.

앤더슨은 계속 매진하여 뉴욕시의 메트로폴리탄 오페라에 가입한 첫 아프리카계 미국인이 되었다. 그녀는 또한 유엔의 홍보대사가 되었다. 그리고 25년이 지나서 앤더슨은 자유를 위한 대통령 메달, 국회 금메달, 엘리노 루스벨트 인권상, 그리고 그래미종신성취상 등을 받았다.[13]

부당한 취급을 받으면서도 자신의 마음을 지키는 것은 대단한 용기가 필요하다. 하나님이 주신 재능으로 뭔가를 성취하는 데 다른 사람의 의견이 걸림돌이 되고 있지는 않은가?

> 물에 비취이면 얼굴이 서로 같은 것같이 사람의 마음도 서로 비취느니라 (잠 27:19)

동창회 미식축구 경기에서 라이벌인 콘코디아에 대항해서 아우크스부르크대학은 처참하게 패배했다. 그러나 경기가 막바지에 이른 순간 코 보호대를 착용한 데이비드 스티븐스가 벤치에서 뛰어나갔고 경기에 불을 붙였다. 그는 두 번의 태클을 유도했고, 콘코디아 선수가 공을 놓쳤을 때 공 위로 몸을 던졌다. 그가 되찾은 공을 높이 들었을 때 관중은 함성을 질렀다. 아우크스부르크 팬들에게는 잊을 수 없는 순간이었다.

> 큰 일을 당했을 때 어떻게 행동하는지는 당신이 어떤 사람이느냐에 따라 좌우된다. 그리고 우리가 어떤 사람인지는 스스로 자신을 훈련한 소중한 세월의 결과다.

1960년대에 임신한 많은 여성들이 입덧을 방지하는 약을 먹었는데, 데이비드 스티븐스는 바로 그 약인 탈리도마이드(thalidomide: 진정제, 수면제의 일종으로 산모가 이 약을 복용하면 기형아가 태어남-역주)를 복용한 여성에게서 태어났다. 그 약을 복용한 결과 태아에게 심각한 결함이 생긴 것을 발견한 부모와 의사는 깜짝 놀랐다. 탈리도마이드로 인해 데이비드의 한쪽 발은 무척 짧았다.

엄마에게 버려진 데이비드는 입양되었다. 스티븐스 부부는 데이비드에게 엄격한 규칙을 가르쳤고 잘 먹였으며 사랑으로 돌보았다. 그들은 데이비드가 자신의 힘으로 일할 수 있도록 가르쳤고, 결코 휠체어에 앉히지 않았다. 세 살이 되었을 때 데이비드는 의족을 했다.

데이비드는 학교에서 학생 리더가 되었고, 좋은 성적을 거두었으며, 특별한 행사도 잘 준비했다. 그리고 새로운 학생들과 사귀는 것도 매우 잘했다. 고등학교 때는 미식축구뿐 아니라 야구, 농구, 그리고 하키를 하기도 했으며 레슬링 챔피언도 되었다. 장애인 증서가 주어졌을 때 그는 그것들을 거절하면서 "장애인 증서는 그것을 필요로 하는 사람들을 위한 것이지요. 나는 '장애인'이 아닙니다." 하고 당당하게 말했다. 데이비드는 자신을 훈련하도록 가르침받았고, 명백한 장애에도 불구하고 모든 일을 제대로 행할 수 있었다. 당신의 길에 어떤 장애물이 있을지라도 자기 훈련은 그 문제 위로 올라가거나 그 문제를 곧바로 뚫고 지나가도록 당신을 도울 것이다.

> 내가 내 몸을 쳐 복종하게 함은
> 내가 남에게 전파한 후에 자기가 도리어 버림이 될까
> 두려워함이로다 (고전 9:27)

39

· · · · · ·

우리가 행위를 결정하는 만큼
우리의 행위 또한 우리를 결정한다

워싱턴에서 열린 제4회 철자경기대회(national spelling bee)에서 남부 캐롤라이나 출신의 챔피언인 11세의 로잘리 엘리엇이 'avowal'이라는 단어의 철자를 말해 보라는 질문을 받았다. 그녀의 부드러운 남부 악센트는 단어 뒤에 있는 철자를 'a'로 썼는지 'e'로 썼는지 심판관들이 판별하기 무척 어려웠다. 그들은 몇 분 동안 의논하고 테이프에 녹음한 것을 다시 들어 보았지만 어떤 철자를 발음한 것인지 결정할 수 없었다.

마침내 주 판정관인 존 로이드가 오직 답을 아는 사람만이 답변할 수 있는 질문을 했다. 그는 로잘리에게 "그 철자가 'a'였니 'e'였니?" 하고 물었다.

로잘리는 주위에서 철자 시험을 보러온 아이들이 속삭이는 것을 듣고 그 단어의 정확한 철자를 알게 되었다. 그러나 로잘리는 조금도 주저함이 없이 자신이 틀린 철자 'e'를 사용했노라고 대답했다.

무대에서 걸어 나올 때 그 행사를 취재하러 온 십여 명의 기자들을 포함한 모든 청중이 일어나서 그녀의 정직함과 결백함에 기립 박수를 쳤다. 로잘리가 그 대회에서 수상하지는 못했지만 그날의 승리자임은 분명했다.

종종 우리는 무엇을 하느냐가 우리가 누구인지를 결정한다고 생각한다. 오늘 당신이 무엇을 하느냐가 내일 당신이 어떠한 사람이 될 것인지를 부분적으로 결정한다는 것은 사실이다.

> 비록 아이라도 그 동작으로 자기의 품행의 청결하며 정직한 여부를 나타내느니라 (잠 20:11)

1960년대 조지아에 있는 대학에서는 백인 학생만 받아들이는 차별이 있었다. 이 법을 폐지하기 위해 흑인 리더들은 도덕적으로나 지적·학문적으로도 도전할 수 없는 오직 두 명의 '참으로 깨끗한' 학생을 찾는 것이 필요하다고 결정했다.

누구를 선택할 것인지 토의하면서 알프레드 홈즈는 시에서 1등 하는 흑인 남자 상급생인 자기 아들을 즉시 추천했다. 찰린 헌터 골트 또한 그 대학에 지망하는 것에 흥미를 보였다. 조지아 대학은 기숙사에 여유가 없다는 이유로 두 학생의 입학 허가를 지체하고 있었다. 그리고 그 문제는 결국 연방법원에서 결말이 지어졌다. 부틀 판사는 그 대학이 모든 면에서 자격을 갖춘 그 두 학생의 입학을 허락하라고 판결을 내렸다. 그리하여 그 주에서는 대학 차원의 인종차별이 끝나게 되었고, 곧 나라 전체로 확산되었다.

> 모든 미덕은 공정하게 다루는 것으로 요약된다.

법무장관 로버트 케네디는 그로부터 오래지 않아 다음과 같은 연설을 했다. "우리는 법이 사람들로 하여금 함께 살아갈 수 있게 하고, 혼동 속에서 질서를 잡아준다는 것을 압니다. 그리고 한 사람의 권리를 부정하면 나머지 모든 사람의 권리 또한 위험해진다는 것을 압니다."

정의는 보편적일 수 있다. 그러나 그것은 항상 개인적인 차원에서 시작된다.

> 사람아 주께서 선한 것이 무엇임을 네게 보이셨나니 여호와께서 네게 구하시는 것이 오직 공의를 행하며 인자를 사랑하며 겸손히 네 하나님과 함께 행하는 것이 아니냐 (미 6:8)

40

· · · · · ·

과거에 문제가 있었다 할지라도
미래는 변화될 수 있다

르우벤은 자신의 생애를 끝내고자 면도칼에 손을 뻗었다. 그를 둘러싼 주변 상황이 그로 하여금 그렇게 하도록 만든 것 같았다. 사실 그는 유명한 예일대학교 2학년생이고, 부유한 은행가의 아들이었다. 그러나 그의 내면에는 의기소침한 성격이 도사리고 있었다. 그는 자신의 고통을 도박, 술, 그리고 나쁜 사회생활 등으로 잊어 보려 했지만, 어머니의 기도 외에는 아무런 도움이 되지 않았다.

"내 어머니는 687킬로미터나 떨어진 곳에서 내가 복음의 일꾼이 되도록 계속 기도하셨어요."라고 르우벤이 설명했다. "나는 설교나 논쟁이나 교회 등 모든 것을 무시할 수는 있었지만 어머니의 기도만은 무시할 수 없었습니다."

하나님을 등지고 수년이 지난 그날 밤, 르우벤은 하나님께 돌아가기로 마음 먹었다. 르우벤의 삶에서 변화는 극적인 것이었다. 예일대학교를 졸업한 후 르우벤은 역동적인 목사, 교사, 그리고 작가로 섬길 뿐만 아니라 무디성경학교와 비올라대학의 설립을 도왔다. 르우벤의 삶을 짧게 요약하면, 그는 그 후로 54년간 하나님께 쓰임받아 수많은 사람들의 삶을 변화시켰다. 심지어 75년이나 지난 오늘날에도 르우벤의 사역과 말씀은 전 세계에 계속 영향을 미치고 있다.[14]

당신은 어떤 종류의 결과를 남길 것인가? 과거가 어떠했는지 상관없이 하나님은 당신의 미래를 취하실 수 있다. 만일 하나님께 맡긴다면 당신의 생애는 세상에 새로운 변화를 가져오게 할 것이다.

> " 형제들아 나는 아직 내가 잡은 줄로
> 여기지 아니하고 오직 한 일 즉 뒤에 있는 것은
> 잊어버리고 앞에 있는 것을 잡으려고 (빌 3:13)

다이앤은 팝콘 한 봉지를 들고서 극장 안으로 서둘러 들어갔다. 안이 어두침침하여 조심스럽게 다른 사람의 발과 핸드백, 그리고 버려진 팝콘 봉지 등을 지나 자신의 자리를 찾아갔다. "바로 제때 왔군요!" 하고 그녀의 왼쪽 자리에 앉은 노신사가 속삭였다. 어둠 속이지만 다이앤은 그가 친절한 얼굴로 말했다는 것을 느낄 수 있었다.

영화가 시작되었을 때 다이앤은 팝콘 한 줌을 쥐었다. 그녀 옆에 앉은 남자는 미소를 지으며 자기도 먹으려고 봉지에 손을 넣었다. 영화 보는 흐름을 놓치고 싶지 않아 다이앤은 그를 그냥 내버려두었다. 아마도 그는 나이가 많은 사람일 거라고 생각했다. 영화 보는 내내 다이앤은 팝콘을 먹었고 그 낯선 사람도 다이앤의 팝콘을 먹었다. 팝콘을 거의 다 먹었을 때 그 남자는 봉지를 기울여서 남은 것을 다이앤에게 주었다. 그 남자의 뻔뻔스러움에 화가 치밀어올라 다이앤은 팝콘 봉지를 빼앗았다.

> 인생의 위대한 법칙 중 하나는 더 많이 주면 줄수록 더 많이 얻게 된다는 것이다.

영화가 끝났을 때 그 남자는 다시 한번 웃으면서 빈 팝콘 봉지를 주웠고, 극장 밖으로 나갔다. 다이앤이 자신의 핸드백에 손을 뻗었을 때 그녀는 옆 자리에 놓여 있는 팝콘 한 봉지를 발견했다. 다이앤은 내내 그 남자의 팝콘을 먹었던 것이다!

다른 사람과 쉽게 자신의 것을 나눌 수 있는 것은 수입의 많고 적음에 따른 것이 아니라 마음의 크기에 따른 것이다. 하나님이 당신에게 주신 것에 대해 더 관대하지 못하도록 당신을 제한하는 것은 무엇인가?

> " 주라 그리하면 너희에게 줄 것이니
> 곧 후히 되어 누르고 흔들어 넘치도록 하여 너희에게
> 안겨 주리라 너희의 헤아리는 그 헤아림으로
> 너희도 헤아림을 도로 받을 것이니라 (눅 6:38)

41

• • • • • •

기다리는 자에게 모든 것이 온다

당신의 인생이 지체될 때 당신은 무엇을 할 것인가? 완벽한 일자리를 기다리는 동안 당신은 무엇을 할 것인가? 대학의 입학 허가를 기다리는 동안 당신은 무엇을 할 것인가? 좋은 짝을 만나기 위해 당신은 무엇을 할 것인가? 대박을 터뜨리기 위해 당신은 무엇을 할 것인가? 기다린다는 것이 활동하지 않는다는 것과 동의어인가? 다음과 같은 것을 생각해 보라.

- 바르트부르크 성에 감금되어 있는 동안 마르틴 루터는 성경을 독일어로 번역했다.
- 갈릴레오는 자택 구금 상태에서 "대화"(*Dialogues*)를 집필했는데, 나중에 이 책으로 인해 아이작 뉴턴이 운동의 세 가지 법

칙을 발전시킬 수 있었다.
- 단테의 역작인 『신곡』은 사형선고를 받은 후 20년을 지내는 동안 쓴 것이다.
- 존 번연은 베드포드 형무소에 감금되어 있는 동안 『천로역정』을 썼다.

졸업 후에 일어날 일을 초조하게 기다리면서 마지막 학창시절을 허비했다면 무슨 일이 일어났을지 생각해 보라. 당신은 아마 낙제했을지도 모른다. 당신은 오늘이 있기까지 기다리는 동안에도 열심히 일해야만 한다. 당신의 처지가 어떠할지라도 당신은 시간을 허비하거나 투자하거나 둘 중에 하나를 선택해야 한다. 당신의 상황이 어떠하든지 매일매일의 삶은 주변 세상에 성장하고 기여할 수 있는 새로운 기회를 가져온다. 당신은 오늘이라는 선물을 어떻게 사용하고 있는가?

> 게으르지 아니하고 믿음과 오래 참음으로 말미암아 약속들을 기업으로 받는 자들을 본받는 자 되게 하려는 것이니라 (히 6:12)

오래된 전설에 이런 이야기가 있다. 탄잔과 에키도라고 하는 두 수도사가 진흙탕 길을 걷고 있었다. 심한 계절풍으로 인한 비가 그 지역을 침수시켰고, 그들은 여행하기 좋게 햇볕이 난 순간순간에 대해 감사했다. 오래지 않아 커브 길에 이르렀고, 그들은 거기서 비단 기모노를 입은 사랑스런 한 소녀를 만났다. 진흙탕 길을 물끄러미 바라보는 그녀의 모습은 극도로 외로워 보였다.

> 하나님은 독선적인 사람에게는 하실 말씀이 없으시다.

탄잔은 그 소녀를 보고 안타까운 마음에 "얘야, 이리 오너라." 하고는 두 팔로 소녀를 들어올려서 미끄러운 흙탕물을 지나 다른 편 길에 내려주었다.

길을 계속 걸어가면서 탄잔은 에키도가 무표정하게 침묵하고 있음을 눈치챘다. 뭔가 그를 심각하게 괴롭히는 문제가 분명 있었지만 혼자서 해결하고자 애쓰는 모습이 엿보였고, 탄잔은 고민거리를 말해달라고 다그칠 수 없었다. 그날 밤 그들의 예정지에 도착했을 때, 에키도는 분노와 실망을 더 이상 억제할 수 없었다. 에키도는 "우리 수도사들은 여자를 가까이 하면 안 되지 않소." 하며 탄잔을 비난하는 목소리로 말했다. "우리는 특히 젊고 사랑스런 아가씨를 가까이 하면 안 됩니다. 그것은 너무나 위험하오. 그런데 당신은 왜 그렇게 했소?"

"에키도, 나는 그녀를 거기에 놓아두고 왔소. 그런데 당신은 여전히 그녀를 마음에 데리고 있는 것 같소." 하며 탄잔이 대답했다.

하나님은 우리가 율법의 내면에 담겨 있는 정신을 무시하고 율법의 형식만을 실행하는 것을 기뻐하지 않으신다. 그리스도는 사랑의 법이라는 새로운 법을 세우셨다. 그것이 바로 올바른 삶을 살기 위한 우리의 지표가 되어야 할 것이다.

> 사람이 의롭게 되는 것은 율법의 행위에서 난 것이 아니요 오직 예수 그리스도를 믿음으로 말미암는 줄 아는고로 우리도 그리스도 예수를 믿나니 이는 우리가 율법의 행위에서 아니고 그리스도를 믿음으로서 의롭다 함을 얻으려 함이라 율법의 행위로서는 의롭다 함을 얻을 육체가 없느니라 (갈 2:16)

42

• • • • •

패배는 최악의 실패가 아니다.
다시 해 보려고 하지 않는 것이야말로
진짜 실패다

가장 비참한 삶을 사는 한 청년이 있었다. 그는 세 살이 되기 전에 고아가 되어 낯선 사람에게 이끌렸다. 그는 학교에서 쫓겨났고, 가난 때문에 고통받았으며, 유전적인 허약함 때문에 십대에는 심장병이 악화되었다. 사랑하는 아내는 결혼 후 얼마 되지 않아 죽었다. 또 성인 시기 대부분 동안 병치레를 했고, 결국 40세라는 젊은 나이로 죽게 되었다. 모든 외적인 상황을 볼 때 그는 패배하고 암울한 인생을 살았다.

그런데도 그는 자신을 표현하고자 했으며 성공하고자 하는 시도를 결코 포기하지 않았다. 그는 20년 동안 전에 쓰인 어떤 것보다 뛰어난 기사, 에세이, 그리고 비평들을 저술했다. 사실상 그가 쓴 시는 여전히 미국의 모든 고등학교에서 읽히고 연구되고 있으며, 그의 단편소설과 추리소설도 유명하다. 그가 쓴 시 중에 한 편은 캘리포니아에 있는 유명한 헌팅턴 도서관에 전시되어 있는데, 그 청년이 일생 동안 벌어들인 수입보다 훨씬 많은 5만 달러 이상의 가치가 있다.

그의 이름은 에드거 앨런 포(Edgar Allan Poe)다.

당신이 얼마나 많이 노력하느냐에 비하면, 환경은 성공할 수 있는 당신의 기회에 거의 영향을 미치지 못한다.

> 내가 네게 명한 것이 아니냐 마음을 강하게 하고 담대히 하라 두려워 말며 놀라지 말라 네가 어디로 가든지 네 하나님 여호와가 너와 함께 하느니라 하시니라 (수 1:9)

1988년 올림픽 피겨스케이팅 경기에서 두 번 넘어진 단 젠슨은 스포츠와 그의 삶 사이에 새로운 균형을 찾기 위해 스포츠 심리학자 짐 로웨 박사를 찾아갔다. 짐 로웨 박사는 정신적인 면에 초점을 두도록 단을 도왔다.

단의 코치인 피터 뮤엘러는 단이 '내가 여태까지 알고 있는 것 중 가장 힘든 것'이라고 말한 그 일을 해내도록 했다. 1994년 올림픽 시즌이 되었을 때 단은 그 어느 때보다도 확신을 가졌다. 단은 두 달 전에 500m 경기에서 세계신기록을 수립했다. 그 해 올림픽 타이틀은 마치 단의 것처럼 보였다!

> 이미 정복한 것 이상을 해내고자 애쓰지 않으면, 당신은 결코 성장하지 못할 것이다.

그러나 불행하게도 단은 500m 경기에서 또 넘어졌다. 단은 크게 실망했고 낙심했다. 그러나 로웨 박사는 곧바로 충고했다. "1,000미터 경주를 위해 준비하기 시작하세요. 500미터 경주는 지나갔어요. 그러니 그것은 잊어버리세요."

문제는 단이 1,000m 경주에 매우 약하다는 것이었다.

그는 그 경기에서 이길 자신이 없었다. 이제 1,000m 경주가 올림픽에서 메달을 딸 수 있는 마지막 기회였다. 경기가 시작되었을 때 단은 이렇게 말했다. "나는 마치 항해하는 것 같아요." 그러고는 선이 표시된 3cm 안쪽으로 발을 내밀었다. 단은 계속해서 밀려오는 공포감에 저항하면서 달렸고, 마침내 세계신기록을 수립하면서 금메달을 획득했다!

이미 정복한 지역에 머무르는 것이 안전한 느낌과 확신을 주기는 한다. 그러나 그곳에 머무르기만 한다면 당신은 성장하지 못할 것이다. 새로운 기술과 새로운 목표에 도달할 기회를 추구하라. 위축되지 말라! 강한 정신적인 자세를 가지면 가장 약한 것이 가장 놀라운 승리가 될 수 있다.

> 형제들아 나는 아직 내가 잡은 줄로 여기지 아니하고 오직 한 일 즉 뒤에 있는 것은 잊어버리고 앞에 있는 것을 잡으려고 푯대를 향하여 그리스도 예수 안에서 하나님이 위에서 부르신 부름의 상을 위하여 좇아가노라 (빌 3:13-14)

43

· · · · · ·

나는 성공의 비결은 모른다.
그러나 사람들이 실패의 원인을
알려고 한다는 것은 안다

어느 화창한 봄날 아침, 메인스트리트공동체교회에서 있었던 일이다. 존슨 목사는 성가대 석에서 들려오는 기침 소리를 들으며 강단 앞으로 걸어 나갔다. 아이들이 자리에 앉느라고 웅성대는 소리와 찬송가 소리가 어우러졌다. 이제 막 주일 설교가 시작되려는 참이었다.

"형제자매 여러분, 오늘은 정직에 대해 이야기하려고 합니다." 하고 존슨 목사가 미소를 지으며 말했다. "본문은 마가복음 26장 6절부터입니다. 이 유명한 구절에 대해 아시는 분들은 손들어 보시기 바랍니다." 그러자 회중 가운데 여러 명이 손을 들었다. "바로 여러분이 오늘 아침 제가 설교에서 언급하고 싶은 사람들입니다." 하면서 존슨 목사는 계속 말을 이어 갔다. "사실 마가복음은 16장밖에 없습니다."

아무도 보는 사람이 없을 때 당신은 어떤 사람인가? 다른 사람들의 시선을 끌 때와 마찬가지 모습인가? 만일 당신의 인격이 주변 환경에 맞게 자기 색깔을 바꾸는 카멜레온을 닮았다면, 다음 질문을 자신에게 해 보라. '나는 누구를 기쁘게 하고자 하는가?' 당신 주변의 사람들에게 정직한 사람이 되는 것은 진리를 말하는 것 이상을 의미한다. 그것은 말한 대로 사는 것을 의미한다. 당신은 누구에게 감동을 주고자 하는가? 왜 그런가? 당신을 그러한 모습으로 지었는데도 다른 사람의 모습이 되고자 애쓰는 당신을 볼 때, 하나님은 어떻게 느끼시겠는가?

> 이제 내가 사람들에게 좋게 하랴
> 하나님께 좋게 하랴 (갈 1:10)

나이아가라 강을 가로지르는 현수교(강이나 좁은 해협의 양쪽에 굵은 줄이나 쇠사슬 등을 건너질러 놓고 거기에 의지하여 매달아 놓은 다리)를 놓으려고 고용된 기술자들은 심각한 문제에 직면했다. 강 한 쪽에서 다른 쪽을 잇는 첫 케이블을 어떻게 연결할 것인지가 문제였다. 그 강은 너무 넓은데다 물살이 빨라서 한 쪽에서 다른 쪽으로 케이블을 놓을 수가 없었다.

그런데 한 기술자에게 해결책 하나가 떠올랐다. 바람이 아주 강하게 불 때 연을 높이 띄워 강 위쪽 반대편으로 떨어지게 하는 것이었다. 연 꼭대기에 가벼운 끈을 묶어서 날렸고, 그 끈의 한쪽 끝은 연 날리는 사람이 잡고 있었다. 일단 그 연은 멀리 건너편에 있는 기술자들의 손으로 넘어갔고, 그들은 그 끈에서 연을 제거하고 도르래를 설치했다. 연을 묶었던 끈의 끝에 작은 줄을 묶고 강을 거슬러 잡아당겼다. 이 일을 계속하여 마침내 쇠줄을 지탱할 만큼 튼튼한 케이블을 만들었다. 그리고 그 쇠줄은 물 위로 그 다리를 지탱할 수 있게 했다.

> 연은 바람이 없을 때보다 바람이 거슬러서 불 때 가장 높이 솟아오른다.

당신의 믿음이 연처럼 솟아오르게 하라! 하나님께 그 믿음을 풀어놓고 하나님이 하실 수 있음을 믿어라. 그러면 하나님이 당신을 도우실 것이다. 인내와 끈기에 당신의 믿음을 연결하면 어떤 문제도 해결할 수 있을 것이다.

> 이는 너희 믿음의 시련이 인내를
> 만들어 내는 줄 너희가 앎이라
> 인내를 온전히 이루라 이는 너희로 온전하고
> 구비하여 조금도 부족함이 없게 하려 함이라 (약 1:3-4)

44

· · · · · ·

성공의 비결은 백조가 되는 것이다.
즉, 윗부분은 침착하고 부드러우나
아랫부분은 격렬하게 헤엄치는 것이다

토니 여배우 상을 받은 엘렌 버스틴은 한때 무대공포에 대해 묻는 사람들에게 기억할 만한 연기 수업을 했는데 그것은 다음과 같다.

> 하루는 브로드웨이에서 청중이 소란 피우는 것을 보았습니다. 저는 그것을 갑자기 보게 되었지요. 길을 잃은 고양이 한 마리가 태연하게 무대를 가로질러 왔어요.
> 고양이는 멈추어 서서 어둠 속에 있는 청중을 향해 방향을 돌렸는데, 그 어둠을 살아 있는 것으로 인식하고 깜짝 놀라는 듯했습니다. 고양이는 수천 쌍의 눈들이 밖에 나와 있는 것으로 인식하는 것 같았습니다. 그렇게 인식한 고양이는 죽은 듯이 멈추어 섰

습니다. 그러고 나서 고양이는 모퉁이 쪽으로 휙 사라졌습니다. 저는 그 고양이가 어떤 느낌이었을지 알 수 있었습니다.

저는 이 이야기가, 배우라는 직업은 저마다의 마음속에 있는 고양이—청중의 수천 쌍의 눈을 보고서 방향을 돌려 달아나고 싶었던—와 만나는 사람이라는 사실을 보여 준다고 생각하기 때문에, 젊은 배우들에게 이 이야기를 들려주곤 했습니다. 그런데 그 고양이를 잠잠하게 하는 길은 오직 우리가 해야 하는 일을 계속 해 나가는 것뿐입니다.[15]

놀라거나 신경이 예민해지는 느낌 자체가 실패가 임박하다는 징표는 아니다. 그것은 오히려 앞에 놓인 공연과 그것을 잘하고자 하는 하나의 표시다. 당신의 목표에 시선을 고정시키고 당신의 일을 통해 유익을 얻을 사람들을 기억하라. 이 초점이 당신의 두려움을 잠잠하게 하고 목적으로 채울 것이다.

> 그리하면 모든 지각에 뛰어난 하나님의
> 평강이 그리스도 예수 안에서
> 너희 마음과 생각을 지키시리라 (빌 4:7)

한 소년이 야구 방망이와 공을 가지고 집에서 나와 뒤뜰로 뽐내며 걸어가면서 독백하는 말이 들렸다. 일단 마당에 가서는 자기 야구 모자를 강아지에게 비스듬히 씌우고는, 방망이와 공을 들고서 큰소리로 외쳤다. "나는 세상에서 제일 위대한 타자다."

그러고 나서 그 공을 공중으로 던지고 방망이를 휘둘렀는데 빗맞았다. "원 스트라이크!" 하고 소년은 마치 자신이 심판인 양 소리쳤다.

> 즐거워하는 사람은 슬퍼하거나 못마땅해하는 사람보다 같은 시간 내에 더 잘 일하고 더 오래 즐거워할 것이다.

소년은 공을 주워서 다시 공중에 던지고는 외쳤다. "나는 세상에서 제일 뛰어난 타자다!" 다시 공을 치려고 했지만 맞추지 못했다. "투 스트라이크!" 소년은 개와 마당을 향해 소리쳤다.

소년은 조금도 위축되지 않고 다시 공을 주워들고는 방망이를 보고 나서, 공을 다시 공중에 던지기 직전에 다시 한번 외쳤다. "나는 역사상 세상에서 제일 위대한 타자다."

그는 방망이를 세게 휘둘렀고, 세 번째도 공을 맞추지 못했다. "쓰리 스트라이크!" 소년은 소리쳤다. 그리고 덧붙이기를 "와! 얼마나 놀라운 투수인가! 나는 세상에서 가장 훌륭한 투수다!"

명랑하고 긍정적인 정신 자세는 생산적이고 만족한 삶을 위한 길을 연다.

> 고난받는 자는 그날이 다 험악하나
> 마음이 즐거운 자는 항상 잔치하느니라 (잠 15:15)

• • • • •

돈은 좋은 하인이지만 나쁜 주인이기도 하다

재정고문이자 작가인 론 블루는 24세에 성공에 필요한 모든 것, 즉 MBA 학위, 공인회계사 자격증, 세계에서 가장 큰 공인회계사 뉴욕 사무실에서의 좋은 지위 등 모든 것을 가졌다고 생각했다. 32세에 론은 자신의 삶을 예수 그리스도께 헌신했고 새로운 관점을 가졌다.

론은 자신의 재정고문 회사를 설립하기로 결정하고는 사업 계획을 세웠고, 은행에 1만 달러의 신용거래를 개설했다. 그러나 론은 사업에 관련해서 돈을 빌리는 것에 대해 하나님으로부터 책망을 받게 되었다. 그는 무엇을 해야 할지 몰랐으나 여하튼 빚지지는 않기로 결정하고서 신용거래를 취소했다.

하루는 한 친구에게 사업구상을 설명했는데 그 친구가

이렇게 말했다. "은퇴 준비를 하고 있는 우리 중역들을 위해 자네가 재정 세미나를 해 보는 것이 어떻겠나?" 론은 그 기회를 잡았다. 론의 친구는 큰 회사의 훈련 책임자였고, 그 회사는 세미나의 발전을 위해 미리 6천 달러를 지불할 것에 동의했다. 그리고 매년 네 번의 세미나를 위해서 각각 1천 달러씩을 추가지불하기로 했다. 론은 한 푼도 빌리지 않고 필요한 돈 1만 달러를 벌게 되었다.

빚에서 벗어나도록 최선을 다하라. 그러면 훨씬 자유로움을 느낄 것이다. 그리고 하나님은 자신을 신뢰하는 당신을 축복하실 것이다.

> **부자는 가난한 자를 주관하고
> 빚진 자는 채주의 종이 되느니라** (잠 22:7)

과민한 비행 청소년 넬슨 디벨은 학교에 들어가 거기서 수영 코치 크리스트 마틴을 만나게 되었다. 마틴은 더 많이 연습하면 더 잘할 수 있다고 믿는 사람이었다. 그는 한 달도 안 돼, 교실에서는 단 15분도 가만히 앉아 있지 못하는 넬슨에게 한 주에 30~40시간씩 수영을 시켰다.

마틴은 넬슨의 잠재력을 보았다. 마틴은 계속 넬슨 앞에 새로운 목표를 제시했고, 자신에게 초점을 맞추게 하면서 마틴의 분노를 견고함으로 전환시켰다. 넬슨은 결국 주니어 국가대표에 선발되어 올림픽에도 출전하게 되었다.

> 어떤 일을 시작하지 않고 그저 계획만 세우는 것은 아무 소용이 없다.

그런데 그때 사고가 났다. 다이빙 사고로 넬슨의 두 손과 팔이 부러지게 된 것이다. 의사는 넬슨이 다시 수영할 수 있을 만큼 회복되지 못할 거라고 말했다. 그러나 마틴은 넬슨에게 "너는 다시 되돌아와야 한다. 만일 네가 그것에 전적으로 동의하지 않는다면 우리는 즉시 그만둘 것이다." 넬슨은 이에 동의했고 몇 주가 안 되어 깁스 붕대를 풀었다. 그리고 그는 다시 수영을 하게 되었다.

1992년 넬슨 디벨은 올림픽 금메달을 목에 걸었다. 메달을 받는 동안 넬슨은 다음과 같이 생각했다. '나는 계획했고 꿈꾸었고 열심히 노력해서 마침내 해냈다!' 한때 가만히 앉아 있지 못했고 야망도 없었던 아이가 계획 세우기를 배웠고, 그것을 추구하여 마침내 성취하게 되었다. 넬슨은 수영 그 자체보다도 훨씬 더 놀라운 승리자가 된 것이다!

큰 꿈을 꾸어라! 그리고 계획을 세우고 그 계획을 집요하게 실행하라! 가능성은 무한하다.

> 너희는 도를 행하는 자가 되고 듣기만 하여 자신을 속이는 자가 되지 말라 (약 1:22)

46

• • • • •

인생은 동전과 같다. 동전은
원하는 대로 사용할 수 있지만
오직 한 번만 사용할 수 있다

앤 샤이버와 헤티 그린은 공통점이 많았다. 그들은 둘 다 검소한 삶을 살았고 유산을 남겼다. 샤이버는 작고 낡은 아파트에서 살았지만 재정적인 면에 있어서 비상한 재주가 있었다. 샤이버는 일생 동안 5천 달러를 투자하여 2천만 달러로 불렸다.

헤티 그린은 한때 미국에서 가장 부유한 여성이었지만, 아무도 외모로는 그녀가 그런지 알 수 없었다. 그린은 새 옷을 사는 대신 겨울의 냉기를 막기 위해 낡은 옷에 천을 기워서 입곤 했다. 또 오래된 폐품을 고물상에 넘겨 잔돈으로 바꿨다. 그린은 철도를 두 개나 소유하고 있었지만 침대칸에 돈을 지불하지 않고 밤새 짐마차에 앉아서 가곤 했다. 그린은 임종할 때 7천5백만 달러나 되는 재산을 남겼다.[16]

샤이버와 그린은 둘 다 외적으로는 부유한 여성이었다. 그러나 그들의 내면은 가난으로 찌들어 있었다. 둘 다 혼자 살았고, 친구도 없었으며, 그토록 열심히 일해서 모은 돈을 한 번도 만난 적이 없는 사람들에게 고스란히 남긴 것이다.

죽을 때 당신이 남기는 가장 소중한 것들은 유서에 기록되지 않는다. 그것들은 당신이 나누었던 사랑과 만들었던 추억과 잘 살았던 삶의 유산이다. 만일 당신이 오늘밤 죽게 된다면 당신의 친구들이 당신에 대해 어떻게 기억할 것인가? 인생을 살았던 당신의 방식에 대해 하나님은 어떻게 생각하시겠는가?

한 번 죽는 것은 사람에게 정하신 것이요
그 후에는 심판이 있으리니 (히 9:27)

독일의 조각가 단나커는 완벽하게 보일 때까지 그리스도의 동상을 2년 동안 작업했다. 그는 어린 소녀를 작업실로 불러서 그 동상을 가리키면서 물어보았다. "저 사람이 누구니?" 소녀는 바로 "위대한 사람이요."라고 대답했다.

단나커는 실망했다. 그는 끌을 가지고 다시 다듬기 시작했다. 그는 6년이란 긴 기간 동안 심혈을 기울여 작업했다. 그리고 다시 한 소녀를 작업실로 초대했고, 그 동상 앞에 세우고 물었다. "저 사람이 누구지?" 소녀는 한동안 그 동상을 바라보았고, 눈에 눈물을 흘리면서 두 손으로 가슴을 감싸 안으며 이렇게 말했다. "어린 아이들의 내게 오는 것을 용납하고 금하지 말라" (막 10:14). 단나커는 이번에는 조각이 제대로 되었다는 것을 알았다.

> 오직 열정, 위대한 열정만이 위대한 일을 위해 영혼을 고양시킬 수 있다.

단나커는 나중에 이렇게 고백했다. "조각하는 6년 동안 그리스도께서 내게 한 환상을 보여 주셨는데, 저는 오직 내면의 눈으로 본 것을 대리석에 그대로 옮길 수밖에 없었습니다."라고 고백했다.

나중에 나폴레옹 보나파르트가 단나커에게 루브르 박물관을 위해 비너스 상을 만들어 달라고 요청했을 때, 그는 다음과 같이 말하면서 거절했다. "그리스도를 본 사람은 이방 여신을 만드는 데 자신의 재능을 사용하지 않습니다. 저의 예술은 그때 이후로 신성하게 바쳐진 것입니다."

작품의 진정한 가치는 노력이나 성취에 의한 것이 아니라 그 작품에 영감을 부여하는 그리스도로 말미암는다.

> 부지런하여 게으르지 말고
> 열심을 품고 주를 섬기라 (롬 12:11)

47

· · · · · ·

실패는 즐거운 방법을 원하지만,
성공은 유쾌한 결과를 원한다

새디 델라니의 아버지는 항상 경쟁자보다 더 잘하도록 힘쓰라고 딸에게 가르쳤다. 새디는 그 교훈의 가치를 교사 자격증을 받기 직전에 입증했다. 한 감독이 새디와 다른 두 교생를 지켜보기 위해 왔다. 그들에게 주어진 과제는 학생들에게 과자 굽는 방법을 가르치는 것이었다. 감독은 교사들의 모든 수업을 일일이 살펴볼 시간이 없었다. 그래서 그 수업만을 지켜보기로 결정했다. 새디는 여학생들에게 섬기는 법과 정돈하는 법을 가르치기로 했다.

첫 번째 교생은 당황하여 조리법의 절반을 잊어버렸고 오븐을 미리 가열했다. 두 번째 교생도 첫 번째 교생이 실수한 바로 다음에 해야 했기에 과자 모양도 엉망으로 만들었고 굽기도 잘못했다. 그러고 나자 새디의 차례가 되었다. 새디는 여학생들에게 "잘 들어봐, 우리는 팀으로 일해야 해." 하고 말했다.

새디와 여학생들은 재빨리 남은 반죽을 구웠다. 또 과자가 오븐에서 나오는 대로 곧 냄비를 씻기 위해 줄을 섰다. 10분 이내에 그들은 여러 개의 완벽한 과자를 만들었고, 부엌을 깨끗하게 정리했다. 감독은 매우 감동했고, 즉석에서 새디에게 대리교사 자격증을 주었다. 새디는 뉴욕의 공립 고등학교에서 가정학을 가르친 최초의 흑인이 되었다.

당신에게 선임자들을 비난할 권리가 있다 하더라도 그것을 핑곗거리 삼아 안주하려 하지 말라. 다만 그 일을 올바르게 해결할 수 있도록 행하라!

> 무릇 징계가 당시에는 즐거워 보이지 않고
> 슬퍼 보이나 후에 그로 말미암아 연달한 자에게는
> 의의 평강한 열매를 맺나니 (히 12:11)

터키의 이스탄불에 있는 톱카피 궁전에는, 한때 오직 왕족들에게만 제공하던 오래된 만찬 용기 세트가 있다. 수년 전에 이러한 독특한 접시들은 왕족 보험 증서로 간주되었다. 만일 접시의 초록빛이 빨간색으로 변하면 음식에 독약이 있다는 것을 뜻했다. 그로 인해 술탄(sultan: 이슬람교국 군주, 옛날 터키 황제-역주)을 독살하려는 음모가 즉시 드러나게 된 일도 있었다. 비록 오늘날 과학자들이 그 독특한 빛을 분석한다 해도 그 효과를 재연할 수는 없을 것이다.

> 한 번 내뱉은 잘못된 말은 취소할 수 없다.

만일 우리가 한 말이 이와 같이 명백하게 빨간 빛깔로 변할 수 있다면, 우리가 안달하며 분노에 가득 차서 한 말은 빨간색으로 변해 버릴 것이다. 그러한 말들은 순식간에 쏟아지지만 그 효과는 일생 동안 지속되어 관계에 해를 입힐 수 있다. "너는 너무 바보 같아!" "살만 좀 더 빼면 데이트할 수 있을 텐데." "나는 결코 너를 사랑하지 않아."

누군가에게서 들은 말이 아직도 뇌리에 메아리 치고 있는가? 용서한다는 것은 쉬운 일이 아니다. 그러나 만일 그

같은 메아리를 멈추게 하고 싶다면 용서하는 것이 필요하다. 당신이 한 말 중에 다른 사람의 마음과 머리에 여전히 남아서 그 사람을 괴롭게 하는 것이 있는가? 당신에게는 그 테이프를 지워버리도록 도울 능력이 있다. 용서를 구하는 용기를 가져라. 그러고 나서 당신의 말이 다른 사람을 찌르는 무기가 아니라 좋은 은사로 사용될 수 있도록 하나님께 도움을 구하라.

> 무릇 더러운 말은 너희 입 밖에도 내지 말고
> 오직 덕을 세우는 데 소용되는 대로 선한 말을 하여
> 듣는 자들에게 은혜를 끼치게 하라 (엡 4:29)

48

● ● ● ● ● ●

세상에서 가치 있다고 여기는 대부분의 것들이
실천하기 전까지는 불가능한 것으로
알려진 것이었다

지금은 일상적인 것으로 간주되지만 예전에는 거부되었던 다음과 같은 생각과 발명품들을 생각해 보라.

- 독일에서 전문가들은, 기차가 시속 24km로 달린다면 위험해져서 승객들이 코피를 흘릴 것이고, 터널을 지날 때는 숨이 막힐 거라고 했다. 미국에서 전문가들은 기차를 도입하게 되면 사람들이 기차를 보고 공포에 질려 미치게 될 것이고, 따라서 많은 정신병동이 필요하게 될 것이라고 했다.
- 뉴욕 YWCA는 1881년에 여성들을 위한 타자 교육을 발표했다. 그러자 긴장감으로 인해 여성들의 체질이 쇠약해질 것이라는 열화 같은 반대의 목소리가 있었다.

- 배를 쇠로 만든다는 아이디어를 제안했을 때, 전문가들은 그 배는 뜰 수 없고, 정박할 때 나무로 만든 배보다 쉽게 부서질 것이며, 배 밑바닥이 녹이 슬어 보존하기 어렵고, 쇠 때문에 나침반을 읽을 때 낭패를 겪을 것이라고 주장했다.
- 뉴저지의 농부들은 쟁기가 땅에 독이 되고 잡초를 더 무성하게 할 것이라고 주장하면서 1797년에 성공적으로 발명된 쇠로 만든 쟁기를 거부했다.

'불가능하다'는 단어가 당신을 멈추게 하지 말라. 만일 발명가들과 공상가들이 모든 불가능한 일들을 이루지 않았다면, 우리의 삶은 훨씬 더 불편했을 것이다. 하나님의 도우심 가운데 행하면 불가능한 일이란 없다!

> 하나님으로서는 다 할 수 있느니라 (마 19:26)

남북전쟁 당시 가장 암울하던 시기에는 남북이 다시 재결합할 희망이 거의 없었다. 어떤 목표가 도달 불가능하게 보일 때, 북군의 지도자들은 위로와 격려를 받고자 에이브러햄 링컨 대통령에게 의지했다. 대표자들이 백악관에 소환되었고, 나라가 직면한 위기가 장황하고 상세하게 언급되었을 때 링컨은 다음과 같은 이야기했다.

> 장애물이란 당신의 눈을 목표에서 떼게 될 때 보이는 두려운 것들이다.

수년 전 어느 날 밤, 한 친구와 저는 밖으로 나갔는데 맑은 11월의 하늘에서 유성이 떨어지는 것을 보았습니다. 그 청년은 깜짝 놀랐지만 저는 떨어지는 별 뒤에 있는 고정된 다른 별들을 바라보라고 친구에게 말했습니다. 그 별들은 하늘에서 고요하게 빛나고 있었지요. "떨어지는 유성에 마음을 두지 말고, 우리 눈을 저 별들에 고정시킵시다."

어려운 시기가 오고 삶이 너무 빨리 변하는 것 같을 때, 당신의 내적 믿음의 눈과 소망을 영원하고 확실한 것에 고정시켜라. 당신의 눈을 당신이 아는 것에 제한하지 말고,

당신이 아는 오직 한 분 하나님께만 초점을 맞추어라. 하나님과의 관계만이 최상의 목표다. 하나님은 결코 변하지 않으시며, 영광의 왕이신 그분의 지위에서 결코 떠나지 않으신다.

> 오라 하시니 베드로가 배에서 내려
> 물 위로 걸어서 예수께로 가되 바람을 보고
> 무서워 빠져 가는지라 (마 14:29-30)

49

· · · · · ·
좋은 명성이 돈보다 가치 있다

버지니아 주에 있는 노예제도 추방 모임 'Up from Slavery'에서 부커 워싱턴(Booker T. Washington)은 다음과 같이 설명했다.

저는 이 사람이 노예해방 선언문이 발표되기 2~3년 전에 자신의 주인과 계약했다는 사실을 알았습니다. 그 노예는 자기 몸값으로 매년 얼마를 받기로 하고 자신을 팔았습니다. 그리고 그 대가로 주인이 시키는 일을 하기로 했습니다. 그러나 오하이오에서 더 많은 임금을 받을 수 있다는 것을 알고서는 그곳으로 갔습니다. 자유의 몸이 되었을 때, 그 사람은 주인에게 약 300달러 정도를 빚지고 있었습니다.

노예해방이 선언되었는데도 그는 주인에 대한 어떤 의무감에서 자유롭지 못했고, 버지니아에 사는 옛 주인에게 되돌아가야만 했습니다. 그리고 그는 마지막 빚진 돈과 이자까지 갚아야만 했습니다.

이러한 이야기를 제게 한 그 사람은 자신의 빚을 갚지 않아도 된다는 것을 알았지만 주인과의 약속을 깨뜨릴 수 없어서 그렇게 했다는 것입니다. 그는 자신의 약속을 이행하기까지는 진정한 자유를 누릴 수 없다고 여겼던 것입니다.

당신이 말한 것을 지킴으로써 돈을 벌수 있는 것은 아니지만, 당신의 진정한 사람 됨됨이는 알아볼 수 있다!

> 많은 재물보다 명예를 택할 것이요 (잠 22:1)

'벌거벗은 임금님'에 대한 이야기를 기억하는가? 무엄한 사기꾼 두 명이 황제에게 아주 잘 어울리는 옷을 디자인할 수 있다고 황제를 설득했다. 무엇보다도 놀라운 것은 그들이 특별한 솜씨로 만든 그 요술 옷은 지혜롭고 그 지위에 합당한 사람에게만 보인다는 것이다.

많은 기대 속에 그 옷이 완성되었을 때, 사기꾼들은 황제에게 옷을 입혀 주는 것처럼 시늉했지만 황제는 그 옷이 보이지 않는다는 것을 알아챘다. 황제는 자신이 바보이거나 그 왕국을 다스리기에 합당치 않은 사람이라고 믿으면서 경악했다.

> 잘못은 당신이 정정하기를 거부하면 실수가 되는 것이다.

황제는 신하들에게 이같은 사실을 숨기고자 애쓰면서 보이지도 않는 옷을 입고서 옷이 보이는 것처럼 가장했다. 다른 사람들이 어떻게 생각하든지 신경 쓰지 않는 한 소년이 황제와 신하들에게 황제가 벌거벗고 돌아다닌다고 지적했다.

모든 사람은 예나 지금이나 이처럼 소문을 퍼뜨린다. 그러나 당신의 실수를 단순하게 인정하지 않고 숨기려고 하면 더 크게 실수하게 된다. 뭔가 잘못을 범했다면 그것을 인정하는 정직함을 가져라. 하나님께 용서를 구하고 당신이 잘못한 사람에게 용서를 구하라. 그리고 계속 나아가라. 실수가 재앙이 될 필요는 없다. 오히려 실수는 똑같은 일을 범하지 않도록 당신을 막아 주는 놀라운 선생이 될 것이다.

> **"** 훈계를 지키는 자는 생명길로 행하여도
> 징계를 버리는 자는 그릇 가느니라 (잠 10:17) **"**

50

• • • • •

사람을 미워하는 것은 한 마리 벼룩을 없애려고
자신의 온 집을 불태우는 것과 같다

웃기는 법을 잊어버린 한 광대가 있었다. 아마도 그것은 날마다 다른 사람을 웃겨야 한다는 강박관념 때문이었을지도 모른다. 아니면 수년 동안 광대로 지내다 보니 모든 농담이 어떻게 끝날지를 미리 알기 때문인지도 모른다. 이유야 어떻든지 간에 그 광대는 분장실로 숨었고 그날 밤 공연이 두려웠다.

무거운 마음과 찌푸린 얼굴로 그곳에 앉아 있을 때, 그는 거울로 자신의 그럴싸한 모습을 보았다. 그는 흰색 페인트를 얼굴에 바르고, 거대한 빨간 입술에 눈 주위를 노란색 별로 꾸민 40세쯤 된 남자를 보았다. 그는 작고 뾰족한 모자를 썼고, 옆머리를 뒤쪽으로 높게 꾸며 올렸다. 무지개 모양의 물결무늬 깃과 발 크기의 두 배인 빨간색 구두를 신은 자신의 모습을 보고는 자신도 모르게 웃음이 터져 나왔고 그 웃음은 계속되었다. 너무 심하게 웃다 보니 눈물이 뺨에 그려진 파란색 별들 아래로 흘러내렸다. 그러다가 문득 스스로 생각했다. 어떤 남자가 직업상 이런 복장을 할 수 있겠는가?

"자기 자신을 웃길 수 있는 사람은 웃음이 결코 끊이지 않을 것이다."는 말이 있다. 너무 심각한 나머지 웃는 연습하는 것을 잊지 않도록 하라. 그것을 계속 갈고 닦으면 인생이 힘들 때도 당신의 마음은 활기차게 될 것이다.

> 만일 서로 물고 먹으면
> 피차 멸망할까 조심하라 (갈 5:15)

스웨덴에서 선교하던 한 선교사에게 친구들은 인도는 너무 뜨거우니 그곳에 갈 생각을 포기하라고 했다. 한 동료는 그 선교사가 인도에 대해 잘 모를 거라고 생각하고 이렇게 말했다. "그 나라는 그늘에서도 120도야!" 그때 그 선교사가 이렇게 대답했다. "글쎄, 우리가 항상 그늘에 머물러야 되는 것은 아니지 않겠어?"

유머는 죄가 아니다. 그것은 하나님이 주신 탈출구다. 인생의 밝은 면을 볼 수 있는 것은 일종의 미덕이다. 모든 직업과 인생의 상황에는 우리가 보고자 하기만 하면 볼 수 있는 밝은 면이 있다. 유익한 유머는 고된 상황에서 긴장감을 해소시키는 데 큰 도움이 된다. 유머감각을 개발하고자 한다면 우리는 자신의 실수로도 웃을 수 있어야 하고 정당한 비판을 받아들여야 하며, 비록 우습게 보인다 할지라도 부적절한 논평을 피할 수 있는 법을 배워야 한다.

어느 날 제임스 그레이와 윌리엄 호튼이라는 신앙심이 두터운 두 사람이 함께 기도하고 있었다. 나이가 지긋한

> 웃음은 사람의 얼굴에서 거울을 볼 아내는 빛이다.

그레이 박사는 자신의 기도를 이렇게 마쳤다. "주님, 제가 늘 유쾌한 사람이 되도록 지켜 주소서. 성미 고약한 노인이 되지 않게 도와주소서."

유머감각을 유지하는 것은 향기롭고 인내하며 격려하는 사람이 되는 위대한 길이다. 가끔 당신 자신을 웃게 하라!

> 마음의 즐거움은 얼굴을 빛나게 하여도
> 마음의 근심은 심령을 상하게 하느니라 (잠 15:13)

51

· · · · · ·

좋은 성품은 미소를 낳고, 미소는 친구를 갖게 한다.
그리고 친구는 행운보다 더 낫다

농부, 어부, 방랑자 그리고 백만장자 등 수천 명의 남자들에게서 프로포즈 받는 여성은 어떤 부류의 여성일까? 엄청난 유산 상속자일까? 록 스타일까? 아니면 미의 여왕일까?

에반젤린 부스는 이러한 것들 중 그 어느 것에도 속하지 않았다. 그녀는 1900년대 초 구세군 대장이었다. 1865년 크리스마스에 태어난 에반젤린은 구세군의 창시자 윌리엄 부스의 딸이었다. 어렸을 때부터 에반젤린의 꿈은 아버지와 같이 가난한 사람들을 도와 그들을 하나님께로 인도하는 것이었다. 그런데 점차 사람들이 그녀에게로 이끌리는 것 같았다.

에반젤린의 인기 비밀은 무엇이었는가? "나는 다른 사람들을 위해 살았습니다." 에반젤린이 언젠가 어느 기자에게 한 말이다. "나의 한 가지 소원은 내가 이 길을 지나감으로 인해 만난 모든 사람들이 더 나은 생활을 하는 것입니다." 심지어 70세 생일에도 우편으로 너무 많은 결혼 프로포즈가 와서 그녀의 비서가 일일이 보여 주지 못할 정도였다.[17]

어떤 사람들이 당신의 재치, 지성, 외모 혹은 은행 예금 등으로 잠시 당신에게 호감을 보일 수는 있다. 그러나 오랜 시간이 지난 후에 당신이 가질 수 있는 가장 매력적인 것은 당신 주변에 있는 사람들을 깊이 사랑하고 그들에게 관심을 쏟는 것뿐이다. 오늘 그 길을 지나갔기에 당신이 만난 모든 사람들의 삶을 더 낫게 할 수 있는 방법은 무엇인가?

> 눈의 밝은 것은 마음을 기쁘게 하고
> 좋은 기별은 뼈를 윤택하게 하느니라 (잠 15:30)

요하네스 솔크는 뉴욕 의과대에서 의학 학위를 받고 피츠버그대학의 바이러스 연구실에서 근무하게 되었다. 그가 받은 많은 표창 중에는 자유훈장(Presidential Medal of Freedom)도 있었다.

그러나 요하네스는 그가 받은 것이 아니라 오히려 준 것으로 유명해졌다. 그와 그의 연구팀들은 소아마비 면역 항생제에 기여할 수 있는 소아마비 억제 바이러스를 준비하고 있었는데, 1955년에 그 백신은 미국 전역에서 사용할 수 있도록 퍼지게 되었다.

> 무언가를 받았기 때문에 존경받는 사람은 아무도 없다. 명예는 그가 준 것으로 인해 주어지는 보상이다.

사실상 어린아이를 죽음에 이르게 하고 절름발이로 만들었던 소아마비가 끝나게 된 것이었다.

당신의 인생에는 자격증, 학위, 포상 등을 받을 수 있는 많은 기회가 있다. 그러나 중요한 것은 당신이 훈련받은 것과 당신이 개발한 기술로 무엇을 하느냐 하는 것이다.

다른 사람에게 유익이 될 무엇인가를 오늘 주거나 창조

하거나 촉진시킬 방법을 찾아라. 당신의 행동이 명성을 가져다 줄 수도 있고 그렇지 않을 수도 있다. 그러나 그것들은 분명히 가장 커다란 보상인 개인적 만족감을 가져다 줄 것이다.

> 의인은 아끼지 아니하고 시제하느니라 (잠 21:26)

52

**올바른 말과 거의 바른 말의 차이는
빛과 반딧불이의 차이다**

회사는 상품을 판매하기 위해 가장 잘 홍보할 수 있는 창의적인 전문가들을 채용하고 광고하는 데 많은 돈을 쓴다. 불행하게도 영어에서 '꼭 맞는 말'은 다른 언어로 번역될 때 잘못된 의미가 될 수 있다. 다음에 열거한 국제적인 실수들을 생각해 보라.

- '펩시 세대와 함께 살아나자(Come alive with the Pepsi Generation).'라는 펩시 광고가 중국으로 갔을 때 '펩시는 무덤에서 당신의 조상을 데려온다.'라는 식으로 번역되었다.
- '코카콜라는 훨씬 더 심했다. '코카콜라'라는 이름은 중국어 방언에 따르면 '성난 올챙이를 물어라' 혹은 '양초를 가득 담은 암말'이라는 말처럼 들린다. 4만 개의 한자를 연구한 후에,

코카콜라 회사는 발음을 '코쿠코레'로 변경했다. 이 번역은 '입에 행복을'이란 뜻으로 훨씬 더 식욕을 불러일으킨다.
- '교황이 마이애미를 방문했을 때 스페인 시장에서 인쇄된 티셔츠에는 '교황(el Papa)'이라는 말 대신에 '나는 감자를 보았다(la papa)'라는 말로 번역되어 있었다.
- '클래롤은 그들의 '안개 스틱(Mist Stick)'이라는 미용기기를 독일에 소개하고자 했다. 불행하게도 'mist'는 독일어에서 속어로 '똥'이다. '똥 막대기'가 잘 팔릴 리가 없었다.

모국어라 할지라도 의미하는 그대로를 말하는 것이 쉬운 일은 아니다. 말하기는 쉽지만 뭔가 가치 있는 것을 말하기 위해서는 들을 필요가 있고 경청하는 좋은 귀가 필요하다. 당신은 듣는 사람들에게 유익한 말만 하도록 말하는 것에 유의하지 않겠는가?

> 66 경우에 합당한 말은
> 아로새긴 은쟁반에 금사과니라 (잠 25:11) 99

소피는 자신이 쓰던 옛 교과서가 지하실에 있다는 것을 알았다. 그러나 '지하실 어디에 있는지'는 기억나지 않았다. 지금 쓰고 있는 기사를 끝내려면 옛날에 쓰던 역사책이 필요했다. 그녀는 손전등을 들고 지하실의 작은 문을 열었다.

그때 소피의 목에서는 비명이 터져나왔다. 길고 흰 촉수들(tentacles: 하등 동물의 촉각을 맡은 수염 같은 기관)이 좁은 공간 밖으로 새어나와 그녀의 손전등과 목을 잡으려는 것 같았다. 소피는 문을 잽싸게 닫고 위층으로 도망쳤다. 심장의 고동이 거의 정상으로 돌아왔을 즈음, 그녀는 이성적인 관점에서 그 상황을 분석할 준비가 되었다. 괴물 이야기는 아이들이 상상 속에서 지어낸 것일 뿐이다. 이성적인 어른은 괴물 때문에 지하실 문을 닫고 도망치지 않는다.

다소 겁은 먹었지만 새로운 결심을 하고서 소피는 지하실로 다시 향했다. 숨을 크게 몰아쉰 다음 필요하다면 뒤

> 이 세상은 사실을 바로 알았을 때 자신의 생각을 바꿀 수 있는 지혜로운 사람의 것이다.

로 달아날 준비를 하고서 재빨리 문을 열었다.

그 촉수들이 다시 한번 그녀에게 뻗어 나왔다. 그러나 이번에는 그것들이 무엇인지 더 가까이서 보았다. 그것들은 바로 소피가 수개월 전에 사놓은 감자를 담은 바구니에서 자란 감자 싹들이었다. 결국 괴물의 정체가 밝혀진 것이다.

첫인상이 항상 정확한 것은 아니다. 무언가에 대해 혹은 누군가에 대해 부정적인 견해를 형성하기 전에 그 사실을 다시 검토하는 시간을 가져라. 그리고 두 번째 기회를 주고 두 번째 견해를 가져라. 그러고 나서 그 사실이 좋은 것이었다면 용기를 내서 기존의 생각을 바꾸도록 연습하라.

> 견책을 달게 받는 자는 지식을 얻느니라 (잠 15:32)

53

• • • • • •

좋은 말씀은 가치가 있으나 비용이
거의 들지 않는다

어느 날 한 어린 소년이 작은 마을의 시골 성당에서 일요 미사를 진행하는 신부를 섬기고 있었다. 제단에서 하는 새로운 역할에 다소 긴장한 그 소년은 무심결에 포도주 병을 떨어뜨리고 말았다. 신부는 곧바로 소년의 뺨을 세게 때렸다. 그리고 많은 사람들이 들을 수 있을 정도의 매우 거친 목소리로 소리쳤다. "제단을 떠나서 다시는 돌아오지 마!" 그 소년이 바로 수십 년 동안 유고슬라비아를 통치한 공산주의 지도자 티토(Tito)였다.

어느 날 어린 소년이 큰 도시에 있는 성당에서 일요 미사를 진행하는 한 주교를 섬기고 있었다. 그 소년도 우연히 포도주 병을 떨어뜨렸다. 그러나 주교는 분노로 반응하지 않고 부드럽게 두 눈으로 윙크하면서 속삭였다. "언젠가 너는 신부가 될 거야." 그 소년이 바로 풀턴 신(Fulton Sheen) 대주교다.

말에는 능력이 있다. "막대기와 돌은 내 뼈를 부러뜨릴 수 있지만 말은 결코 나를 상하게 할 수 없다."는 속담은 사실이 아니다. 말은 때로 깊은 상처를 준다.

말은 보상하고, 자존감을 세우고, 우정을 형성하고, 희망을 주고, 축복을 줄 수도 있다. 말은 치료할 수도 있고 위대한 일을 성취할 수도 있다.

오늘 친구에게 무슨 말을 할지 조심하라! 당신의 말은 심장에 박히는 칼과 같은가, 아니면 향기롭고 달콤한 꿀과 같은가?

> 범사에 오래 참음과 가르침으로 경책하며
> 경계하며 권하라 (딤후 4:2)

900년의 기간 동안에 안네 볼렌(Anne Boleyn), 토머스 모어(Thomas More) 그리고 월터 롤리(Walter Raleigh)경 등을 포함한 많은 유명 인사들이 런던타워를 방문했다. 오늘날 그곳에서 가장 오랫동안 살고 있는 유명한 거주자는 그 벽에서 사는 까마귀들이다. 까마귀가 언제부터 그 탑에 머무르게 되었는지는 알 수 없지만, 그것들이 그곳에 머무르기까지는 상당한 보살핌이 있었다.

> 자기 자신의 행동을 하나님의 행동으로, 자신의 생각을 하나님의 생각으로, 자신의 삶을 하나님의 숨결로 생각하자.

현재 탑에 거주하는 까마귀 일곱 마리는 그 성을 계속 지키는 시종 중의 한 사람으로 까마귀를 잘 다루는 사람이 돌보고 있다. 이렇게 특별하게 돌보는 이유는 영국 사람들의 까마귀에 대한 사랑이 지극해서가 아니다. 사실 까마귀는 사람들이 싫어하는 새다. 그런데 까마귀들이 런던타워를 떠나면 영국 왕실이 몰락할 것이라는 전설 때문에 일곱 마리 까마귀는 모두 한쪽 날개가 잘려서 날 수 없게 되었다.[18]

정직하자. '만일을 대비하여' 하나님을 당신의 옆에 두고자 하는가? 당신은 성경을 읽고, 기도하고, 가난한 사람에게 기부금을 주는 것으로 하나님이 당신을 버리지 않을 것이라고 느끼는가? 아니면 당신은 당신이 해 놓은 것 때문이 아니라, 하나님이 당신을 있는 모습 그대로 사랑하신다는 것을 진정으로 믿는가?

> 하나님이 자기 형상 곧 하나님의 형상대로
> 사람을 창조하시되 남자와 여자를 창조하시고 (창 1:27)

54

정말로 위대한 사람은 만나는 모든 사람에게
자연스럽고 솔직하고 정직하다

고대 그리스 철학자 아리스티푸스는 폭군 데니스에게 아첨하여 왕족과 잘 지낸 영악한 정치가다. 그는 데니스 왕에게 아첨할 뿐만 아니라 자신이 행한 것에 자부심을 느꼈다. 사실 아리스티푸스는 아첨하는 것을 거부하는 현명한 사람들과 동료 철학자들을 경멸했다.

하루는 동료인 디오게네스가 야채 씻는 것을 보고 이렇게 말했다. "만일 자네가 데니스 왕에게 아첨하는 것만 배운다면 그런 콩 따위를 씻는 일은 안 해도 될 거네." 디오게네스는 아리스티푸스를 천천히 올려다보면서 이렇게 응수했다. "자네가 콩 없이는 살 수 없다는 것을 배운다면 데니스 왕에게 아첨하지 않아도 될 텐데."

아첨(flattery)을 달리 표현하면 다음과 같다.

F — foolish: 어리석고
L — laughable: 우스꽝스럽고
A — accolades: 양볼에 하는 키스
T — to: 에게
T — tell: 말하는
E — everyone: 모두
R — round: 주위에 있는
Y — you: 당신

신실하게 진실을 말하라. 진실이 고통스러울 때 침묵을 지킬 것인지 신중하게 선택하라!

" 사람을 외모로 취하지 말라 (약 2:1) "

그레고리 코치는 라산 살람이 헤이스만 트로피를 받을 때 자부심을 느끼면서 지켜보았다. 그레고리는 어머니의 엄격한 지도에서 벗어나 자유를 누리며 세상을 삼킬 준비를 하며 콜로라도에 도착했던 재능 있는 18세 라산을 회상했다. 그레고리는 말했다. "라산은 조직 폭력배가 되기를 원했습니다. 그는 폭력 조직에 대해 이야기했고 이곳에 왔을 때 온통 검은색 옷뿐이었습니다. 어머니가 그런 모습을 용납하지 못할 것을 알았기에 그는 집으로 돌아가지 않았습니다." 그레고리도 마찬가지였다. 그는 라산에게 어떤 강의나 설교를 하지 않았고, 다만 그에게 질문만 했다.

> 나쁜 친구들과 함께 하는 것보다 혼자 있는 것이 더 낫다.

라산이 새로운 친구들에 대해 이야기하러 왔을 때 그레고리는 이렇게 말했다. "물론 그들은 너의 친구야. 그런데 너도 그들의 친구니? 그 친구들은 네가 무엇을 하고자 하는지 알아? 그리고 그 친구들이 많은 것을 할 수 있는 너의 잠재력에 대해 알고 있니? 만일 네가 그들의 친구라면, 그들이 뭔가 나쁜 짓을 하려고 할 때 너에게 '살람, 여기서 나가. 너는 집에 가서 공부해.' 하고 말해야 할 거야."

코치로서 그레고리는 사람이 '햇빛을 발견하기'를 원했고, 그 가운데로 들어가기를 원했다. 또 사람이 햇빛 가운데 살고 노력하는 삶을 살면서 자신의 목표에 도달하기를 원했다.

미식축구 시합에서 승리하는 것은 결코 혼자만의 노력으로는 되지 않는다. 그것은 팀워크로 하는 것이다. 인생도 마찬가지다. 당신이 당신 팀의 선수들을 선택할 수 있다는 건 좋은 일이다!

> 속지 말라 악한 동무들은 선한 행실을 더럽히나니 (고전 15:33)

55

• • • • •
썩은 사과는 옆에 있는 사과까지 상하게 한다

교통법규는 교통경찰이 티켓을 발부하기 위해 마련하는 것이 아니라 교통 흐름을 더 안전하고 원활하게 하기 위해 마련한 것이다. 단 한 대의 자동차라도 고속도로에서 반대 방향으로 운전한다면 엄청난 혼란이 초래된다.

스웨덴이 어려움을 겪었던 1965년까지 운전자들은 도로 왼편으로 운전했다. 대부분의 유럽 국가들이 오른쪽으로 운전했는데, 그것을 따르기 위해 스웨덴도 바꾸기로 결정했다. 그렇게 하기로 정한 어느 날 오후 5시에 모든 운전자들이 일제히 차를 멈추었다. 그러고 나서 운전자들은 차를 도로 반대편으로 운전했다. 그렇게 바꾸는 동안 상당한 혼란이 야기되었다. 그러나 정부는 이 시간대에 운전 방향을 바꾸는 것이 운전자들에게 변화를 확실히 인식시킬 거라고 생각해서 그렇게 한 것이다.

한 사람이 잘못 가면 근처에 있는 바른 길로 가는 모든 사람들도 영향을 받는다. 이것은 도로뿐만 아니라 우리의 인생에서도 그렇다. 당신과 함께 대부분의 시간을 보내는 사람들은 좋든 싫든 당신의 의견뿐 아니라 행동에까지 영향을 미친다. 당신은 어떤 쪽으로 영향을 받을 것인가? 당신의 남은 인생은 당신이 사귀는 동료들에 의해서 영향을 받는다. 당신은 가지 말아야 할 곳으로 이끄는 사람들과 시간을 보내는 건 아닌가?

> 지혜로운 자와 동행하면 지혜를 얻고
> 미련한 자와 사귀면 해를 받느니라 (잠 13:20)

우리는 위대한 예술가나 음악가들의 천재성이 어느 날 갑자기 '터져나오는' 것이라고 생각한다. 그러나 대부분은 오랜 고통과 인내의 산물이다. 그들의 위대한 작품은 오랜 시간이 걸려 완성된 것이고 극도의 고통을 통해서 빚어진 것이다.

- 베토벤은 한 악보에서 각 줄마다 최소한 열두 번 이상을 고쳤다고 한다.
- 요제프 하이든은 무려 800곡을 작곡한 후에야 가장 유명한 오라토리오인 "창조"를 지을 수 있었다.
- 미켈란젤로의 〈최후의 심판〉은 전 세대를 걸친 열두 점의 명화 중 하나로 꼽힌다. 그 그림을 완성하는 데는 8년이 걸렸다. 그는 그 과정에서 2천 번 이상이나 스케치를 했다.
- 레오나르도 다 빈치는 10년 동안 〈최후의 만찬〉을 작업했다. 그는 그 일에 너무 몰두한 나머지 때로는 식사도 걸렀다.

> 인내는 쓰나 그 열매는 달다.

피아니스트인 이그나치 페데레프스키는 나이가 상당히 들었을 때, 그를 흠모하는 사람에게서 이런 질문을 받았다. "당신은 지금도 여전히 매일 연습한다고 들었는데 사실입니까?" "예, 최소한 하루에 여섯 시간 정도는 연습합니다." 하고 그가 응답했다. 그를 흠모하는 사람이 놀라서 "당신은 놀라운 인내력을 가졌군요." 하고 말하자 페데레프스키는 "내가 다른 사람들보다 뛰어난 인내력을 가진 게 아닙니다. 나는 단지 내 것을 사용했을 뿐입니다." 하고 말했다.

당신의 꿈을 추구하는 데 인내를 사용하라.

> 너희에게 인내가 필요함은 너희가
> 하나님의 뜻을 행한 후에
> 약속을 받기 위함이라 (히 10:36)

56

어떤 이는 가치 있는 일을 성취할 꿈만 꾼다
그러는 동안 다른 사람은 깨어서 그 꿈을 실행한다

1972년 잡지 ≪라이프≫는 존 가다드의 놀라운 모험에 대한 이야기를 엮어 책으로 출간했다. 존이 열다섯 살이었을 때 할머니는 이렇게 말하곤 했다. "내가 어렸을 때 그 일을 했더라면…." 존은 할머니의 말을 듣고 자신은 생애 말년에 그같은 말을 하지 않겠다고 결심하고서 일생 동안 이룰 목표 127가지를 기록했다.

존은 탐험하고 싶었던 열 개의 강과 오르고 싶었던 열일곱 개의 산에 이름을 붙였다. 그리고 독수리 정찰대, 세계 여행자, 비행기 조종사가 되기로 했다. 또 존이 하고 싶은 일의 목록에는 장미가 피어 있는 운동장에서 말 타기, 잠수함 타기, 마르코 폴로 여행지 돌아보기, 성경 전체 읽기,

그리고 브리태니커 백과사전을 끝까지 읽기 등이 있었다.

존은 또한 셰익스피어, 플라톤, 디킨스, 소크라테스, 아리스토텔레스, 그리고 여러 다른 고전 작가들의 작품을 읽으려고 계획했다. 또 플루트와 바이올린을 배우려 했고, 결혼해서 자녀를 낳고(자녀를 5명 두었음), 의약에 대한 경력을 쌓으며 선교사로 섬기고자 했다.

불가능하게 들리는가? 존이 47세가 되었을 때 목표 중에 103가지를 성취했다!

당신은 어떤 목표를 세웠는가? 그것을 써 보고, 암송해 보고, 묵상해 보고, 그리고 추구하라. 단지 꿈만 꾸어서는 아무것도 이룰 수 없다. 꿈을 꾸고 목표를 설정하여 그 목표를 성취하기 위해 부지런히 일하면 당신의 꿈은 마침내 실현될 것이다.

> 무슨 일을 하든지 마음을 다하여
> 주께 하듯 하고
> 사람에게 하듯 하지 말라 (골 3:23)

펜실베이니아 주의 식민지 개척자인 윌리엄 펜은 대화를 위해 다음과 같은 규칙을 두었다.

- 유익하지 않거나 불필요하게 말하는 사람을 피하라. 그런 경우에는 말을 거의 하지 않거나 침묵하라.
- 침묵은 말하기 곤란한 곳에서는 지혜로운 행위이며 언제나 안전하다.
- 어떤 사람들은 듣고 생각한 후에 대답하지 않고 다른 사람의 말을 가로채는 어리석음을 범한다. 이것은 어리석을 뿐만 아니라 무례한 행동이다.
- 한 번 말하기 전에 두 번 생각한다면 두 배는 더 나은 말을 하게 될 것이다.
- 목적을 이룰 수 없는 말을 하느니 아무 말도 하지 않는 것이 낫다. 적절하게 말하고자 한다면 무엇이 적합하고 언제 말하는 것이 합당한지 먼저 생각하라.
- 논쟁할 때는 승리나 부당한 이익이 아닌 진실이 당신의 목표가 되게 하라. 그리고 상대방의 허물을 노출하기보다는 그를 얻고자 노력하라.

> 사람의 인격은 그 사람이 사용하는 언어를 보면 알 수 있다.

거의 성취하는 사람이 없지만 당신이 인생에서 개발할 수 있는 가장 위대한 기술 중 하나는 당신의 혀를 통제하는 능력이다! 그것은 삶의 모든 영역에서 매우 귀중한 자산이다. 그러나 많은 사람들이 결코 그 가치를 제대로 인식하지 못한다. 당신은 어떠한가?

> 입을 지키는 자는 그 생명을 보전하나 입술을 크게 벌리는 자에게는 멸망이 오느니라 (잠 13:3)

57

· · · · · ·

학교는 당신이 시험에 대비하기를 바란다.
인생에도 기말시험이 있다

코이누르(Koh-in-noor: 1849년 이래 영국 왕실이 소장한 유명한 106캐럿의 인도산 다이아몬드-역주)는 세상에서 가장 뛰어난 최상의 다이아몬드다. 그것은 영국 왕관에 박혀 있는 보석의 한 부분인데, 인도 토후국의 왕이 소년이었을 때 빅토리아 여왕에게 바친 것이다.

수년이 지나서 성인이 된 토후국의 왕이 영국에 있는 빅토리아 여왕을 방문했다. 그는 그 보석을 안전하게 보존하려면 런던타워에서 가져와 버킹검 궁에 두라고 했다. 여왕은 그가 요청한 대로 그것을 버킹검 궁에 두었다.

다이아몬드를 손에 든 그는 여왕 앞에 무릎을 꿇고 다시 주면서 말했다. "여왕 폐하, 제가 예전에 이 보석을 당신께

드렸을 때는 너무 어렸기 때문에 제가 무엇을 하는지 잘 알지 못했습니다. 저는 지금 온 힘과 마음과 애정과 감사를 다해 이 보물을 당신께 다시 드리기 원합니다."

당신의 인생을 되돌아보면 다음과 같은 말을 하고 싶을 때가 올 것이다. "나는 절제, 집중, 고된 일, 협동, 올바른 길과 잘못된 길을 구별하는 것에 대해 가르쳐 주신 선생님께 감사드립니다." 그리고 거울을 보면서 다음과 같이 말할 때 한층 더 값진 날이 될 것이다. "인생에 대해 지금까지 알게 된 것을 돌아볼 때, 나는 이러한 교훈을 계속 배우는 것이 가치 있음을 알게 되었다."

너희가 믿음에 있는가 너희 자신을 시험하고
너희 자신을 확증하라 (고후 13:5)

"6만4천 달러짜리 질문"(Sixty-four Thousand-Dollar Question)은 1955년도에 미국 TV에서 가장 인기 있는 쇼 프로였다. 조이스는 그 프로그램을 보면 볼수록 '나도 저렇게 할 수 있는데…' 하는 생각이 들었다.

딸을 양육하기 위해 교사 일을 그만두어야 했을 때, 조이스와 남편은 한 달에 50달러로 생활해야 했다. 조이스는 최고의 상금을 받게 되리라고는 결코 상상하지 못했다. 당시에는 어떤 상금이라도 생활에 도움이 되었다.

> 부지런함은 행운의 어머니다.

심리학자로 훈련받았던 조이스는 그 쇼를 분석했다. 조이스는 각 경연자가 어울리지 않게 구성된 것—맛있는 음식을 만드는 해병대원, 오페라에 대해 잘 아는 구두수선공 등—을 알았다. 조이스는 자신에 대해 생각해 보았다. 조이스는 키가 작은 금발의 심리학자로 천상 어머니였다. 얼마 동안 생각한 조이스는 복싱 전문가가 되기로 결정했다! 조이스는 먹을 때나 마실 때, 잠잘 때도 복싱에 대한 통계와 선수들, 그리고 역사에 대해 연구했다. 준비가 되었다고 느꼈을 때 그녀는 그 쇼에 경연자로 신청했고, 계속 예선을 통과하여 마침내 6만4천 달러의 상금을 거머쥐게 되었다.

그 경험이 그녀로 하여금, 심리학적인 연구결과를 매일의 삶에 적용할 수 있는 말로 바꾸는 텔레비전 기자를 꿈꾸게 했다. 일단 그 가능성을 보게 된 그녀는 조이스 브라더스 박사를 향한 꿈에서 멈출 수 없었다.

진정한 성공은 결코 우연하게 오지 않는다. 부지런히 자신의 꿈을 자신에게 적용하라. 그러면 당신의 꿈이 마침내 이루어질 것이다.

> 부지런한 자의 경영은 풍부함에 이를 것이나 (잠 21:5)

58

• • • • •

성공을 향해 가는 길에는 도중하차하도록
유혹하는 것들이 많이 있다

기린이 태어날 때 처음 나오는 것은 앞발굽과 머리다. 몇 분 후에 새로 태어난 새끼는 어미의 몸에서 빠져나와 3m 아래로 등 쪽이 바닥을 향해 떨어진다. 몇 초 이내에 새끼 기린은 몸 아래 구부려 있던 발로 바른 자세를 취한다. 새끼 기린은 이 자세로 처음 세상을 보게 되고, 몸에 붙은 남은 찌꺼기들을 떨어버린다.

어미 기린은 머리를 숙여 잠깐 동안만 새끼 기린을 보고 난 다음에 매우 거칠게 취급한다. 어미는 새끼를 발로 차고, 쭉 뻗은 머리로 밀쳐서 발 뒤쪽으로 보내 버린다. 만일 새끼가 일어나지 않으면 새끼가 비틀거리는 다리로 일어설 때까지 새끼를 차고 또 찬다. 그러고 나서 어미 기린은 무엇을 하는지 아는가? 새끼를 발로 또 차 버린다! 왜 그렇게 하는 것일까? 어미는 새끼가 일어날 수 있는지 알고 싶기 때문이다.

야생에서 새끼 기린은 사자, 하이에나, 표범, 그리고 늑대 등의 먹이가 되지 않도록 가능한 한 빨리 일어나 다른 기린의 무리와 함께 머물 수 있어야 한다. 어미 기린이 새끼의 안전을 확보할 수 있는 최선의 길은 할 수 있는 한 빨리 일어나도록 가르치는 것이다.

당신은 그저 '머물면서 쉬고' 싶은데 당신을 사랑하는 사람들이 움직이도록 자꾸 밀어붙인다면 불평하지 말라. 그들이 당신에게 호의를 베푸는 것이다.

> 이러므로 우리에게 구름 같이 둘러싼 허다한 증인들이 있으니 모든 무거운 것과 얽매이기 쉬운 죄를 벗어 버리고 인내로써 우리 앞에 당한 경주를 경주하며 (히 12:1)

1949년 5월 21일에 로스 알라모스의 한 과학자가 남태평양 해저에서 실시할 원자 실험 준비에 필요한 작업을 하고 있었다.

그는 전에도 이 실험을 수없이 성공적으로 수행했다. 그것은 과학자들이 '임계질량'이라고 부르는 연쇄 반응을 일으킬 수 있도록 U-235의 양을 결정하기 위해 두 우라늄 반구체를 밀어넣는 실험이었다. 이 실험은 질량이 임계치가 되기 직전에 즉각적으로 연쇄 반응이 멈추도록 드라이버로 그 반구체들을 떼어놓아야 한다.

> 다른 사람을 위해 일할 때 자신의 일처럼 열정적으로 일하라.

그런데 그날 바로 그 물질이 임계질량에 도달했을 때 드라이버가 미끄러졌다. 우라늄 반구체들이 너무 가까워졌고, 즉시 그 방은 푸른빛을 띤 눈부신 안개로 자욱해졌다. 젊은 루이스 솔틴은 그 자리를 피하지 않고 연쇄 반응을 막고자 손으로 두 반구체를 떼어놓았다.

이 즉각적이고 이타적인 행동으로 그는 그 방에 있었던

다른 일곱 명의 목숨을 건졌다. 그러나 그는 9일 후에 죽고 말았다.

오늘 자신의 일에 사용하고자 하는 동일한 에너지로 다른 사람을 위해서도 무언가를 행하라.

> 각각 자기 일을 돌아볼 뿐더러
> 또한 각각 다른 사람들의 일을 돌아보아
> 나의 기쁨을 충만케 하라 (빌 2:4)

59

· · · · ·

성경에는 직업의 귀천이 없다.
어떠한 일도 천한 일이 아니다. 만일 그것이 마땅히
해야 할 것이라면 그것은 선한 일이다

데이비드는 열두 살 때 시간당 25센트를 받고 간이 식당의 웨이터로 일했고, 열여섯 살 때 레스토랑 매니저가 될 것을 확신했다. 그가 일하던 레스토랑은 그리스에서 이민 온 두 형제인 프랭크와 조지가 운영했는데, 그들은 미국에 이민 와서 설거지와 핫도그 파는 일을 했다.

데이비드는 프랭크와 조지가 엄격한 기준을 정해 놓고, 그들이 스스로 하지 않는 것은 종업원들에게도 결코 요구하지 않던 것을 기억했다. 프랭크는 데이비드에게 말했다. "네가 열심히 하는 한 너는 항상 나를 위해 일할 수 있다." 열심히 한다는 의미는 열심히 일하는 것에서부터 고객을 정중하게 대하는 것 모두를 의미했다. 한번은 여종업원이 고객에게 불친절하게 대했는데, 프랭크는 이것을 보고 그 여종업원을 그 자리에서 해고했고 자신이 직접 손님의 시중을 들었다. 데이비드는 자신은 결코 저렇게 해고당해서는 안 되겠다고 생각했다.

당시 웨이터들에게 주는 팁은 보통 10센트였다. 그러나 데이비드는 음식을 빨리 나르고 손님을 특별히 정중하게 모시면 때로 25센트를 팁으로 받는다는 것을 알았다. 그는 하룻밤에 얼마나 많은 손님을 시중들 수 있는지 목표를 정해 놓았다. 그가 세운 기록은 100명이었다!

오늘날 데이비드 토머스는 4천3백 개의 레스토랑 체인점을 가진 '웬디스 인터내셔널'의 창시자요 회장인 '데이브'로 잘 알려져 있다.

어떤 일을 하든지 그것을 잘 감당하라.

> " 수고함으로 즐거워하게 하신 것은 하나님의 선물이라 (전 5:19)

맥코믹의 아버지를 많은 사람들이 '땜장이'라고 불렀다. 기계를 만드는 데 천재인 그는 많은 농장 기계들을 발명했다. 그런데 어느 날 곡식 자르는 기계를 만들다가 마을에서 웃음거리가 되었다. 수년 후에 그 기계를 다시 만들려고 했으나 제대로 작동하도록 만들지 못했다.

젊은 맥코믹은 이웃들의 계속되는 비웃음과 아버지의 실패에도 낙심하기는커녕 아버지가 만들고자 했던 추수하는 기계를 만드는 일에 착수했다. 맥코믹 역시 수년 동안 실패를 겪었다. 그러던 어느 날 드디어 추수하는 기계를 만드는 데 성공하게 되었다.

> 가장 잘 익은 복숭아는 나무의 가장 높은 곳에 매달려 있다.

그러나 지역 사람들의 시기심으로 반대에 부딪쳐 수년 동안 그 기계는 사용되지 못했다. 맥코믹은 각 구매자에게 개인적인 보증을 한 후에야 기계를 팔 수 있었다. 마침내 시련과 실패, 희망과 기다림의 수십 년이 지난 후, 신시내티의 한 회사가 100대의 기계를 생산하는 것에 동의했고, 드디어 유명한 맥코믹 수확기계가 탄생되었다.

가장 높은 가지에서 가장 잘 익은 복숭아를 얻으려면 껍질에 상처가 나는 것에 개의치 말아야 하고, 가끔 미끄러지거나 홀로 남겨진 것 같은 기분이 들더라도 포기하지 않고 끝까지 나무에 올라가 보는 것이 필요하다!

> **우리가 선을 행하되 낙심하지 말지니
> 피곤하지 아니하면 때가 이르매 거두리라** (갈 6:9)

60

· · · · ·

해야 할 일을 억지로라도 잘 감당하면
하고 싶은 일을 할 수 있는 날이 올 것이다

 벌은 바쁘게 일하는 것으로 알려져 있는데, 그런 말을 들을 자격이 충분히 있다! 한 마리의 벌은 1파운드의 꿀을 만들기 위해 5만6천 개의 클로버잎 꽃 머리를 찾아다녀야 한다. 각 꽃머리는 60개의 꽃관을 갖고 있기에, 꿀벌은 3백3십6만 번을 방문해야 하는 것이다. 그 과정은 보통 꿀벌이 지구 둘레를 세 번 도는 거리만큼이나 된다.

비스킷 한 조각에 들어갈 한 숟가락의 꿀을 만들기 위해, 작은 꿀벌이 한 번 여행에 20분씩 하루 평균 10회 정도 날아다니면서 4천2백 송이의 꽃을 찾아다녀야 하는 것이다. 그 벌은 4백 가지의 다른 종류의 꽃을 방문한다.

꿀벌이 날마다 이같이 일하는 것은 전혀 매혹적이지 않다. 벌은 날아가서 화밀을 빨고, 다른 꽃으로 가서 또 화밀을 모은다. 그리고 그 과정에서 꿀을 만들어내고 벌집에 그것을 모아둔다.

당신은 자신이 매일 하는 일상적인 일을 시간 낭비라고 생각할지 모른다. 그것들을 완수하는 것은 실제로 성공적인 인생을 준비하는 것이다. 당신은 하루를 보내면서 '나는 훈련받아야 해.' '나는 일을 해야 해.' '나는 끝까지 해내야 해.'라고 생각하지는 않을 것이다. 만일 당신이 일상적인 일을 신실하게 능력껏 최선을 다해 한다면, 그러한 과정에서 인생에 직면하는 모든 도전을 헤쳐나갈 힘을 얻게 될 것이다.

> 손을 게으르게 놀리는 자는 가난하게 되고
> 손이 부지런한 자는 부하게 되느니라 (잠 10:4)

인생은 아이러니와 유머로 가득 차 있다. 이미 알려진 다음의 사실들을 생각해 보라.

- 영국에서 하원의장은 말하는 것이 금지된다.
- 윈스턴 처칠은 댄스파티가 벌어지는 동안 여자 화장실에서 태어났다.
- 해마다 당나귀에 깔려 죽는 사람이 비행기 추락사로 죽는 사람보다 많다.
- 이스라엘의 우표에 붙이는 풀은 유대인의 율법에 맞는 것이어야 한다.
- 타조의 눈은 타조의 머리보다 더 크다.
- 파라과이에서는 두 당사자가 헌혈 기증자로 등록만 하면 결투하는 것이 합법화된다.
- 임신한 금붕어의 정확한 이름은 'twit(바보)'다.
- 괴테는 만일 자신의 책상 서랍에 썩은 사과 한 개가 있다면 글을 쓸 수 있겠다고 맹세했다.
- 버그스 버니(Bugs Bunny: '미친토끼'라는 뜻-역주)의 목소리를 내는 남자인 멜 블랑은 당근 알레르기가 있었다.

> 웃음이 없는 사람은 스프링 없는 마차와 같다. 그는 길에 깔린 모든 자갈에 불쾌하게 흔들리게 된다.

- 버몬트의 벤앤제리 공장은 아이스크림을 만들고 남은 것들을 전부 돼지사료로 사용하는 지방의 돼지 키우는 농부들에게 보낸다. 돼지들은 박하 향을 제외한 모든 맛을 좋아하는 것 같다.

인생이 힘들다는 것은 사실이다. 그러나 인생은 또한 아름답고 놀라운 것이다. 누군가와 미소나 웃음을 나눌 수 있는 것은 그들의 날이 밝을 뿐 아니라 당신의 날 또한 밝기 때문이다. 당신은 당신이 선택할 수 있는 또 다른 놀라운 맛을 보겠는가, 아니면 오직 당신이 싫어하는 박하 향만 맛보겠는가?

> 마음의 즐거움은 양약이라도
> 심령의 근심은 뼈로 마르게 하느니라 (잠 17:22)

61

· · · · ·

진정한 자기 존중은 자신을 생각하지 않는 것이다

레오나르드 번스타인은 한때는 어떤 악기가 가장 연주하기 어렵냐는 질문을 받은 적이 있다. 그는 잠시 생각한 후에 말했다. "제2바이올린입니다. 제1바이올린 연주자는 많이 볼 수 있습니다. 그러나 제2바이올린을 열정을 갖고 연주하는 사람은 찾아보기 어려운데 그것이 문제입니다. 만일 제2바이올린이 없다면 우리는 하모니를 이룰 수 없습니다."

로버트 E. 리 장군은 제2바이올린의 가치를 알았다. 이 위대한 장군은 자신이 참된 남부 신사임을 한 순간도 잊지 않았다. 한번은 리치몬드 행 기차를 타고 가는 동안 열차의 뒷좌석에 앉아 있었다. 그 외의 곳은 장교들과 군인들로 가득 차 있었다. 한 시골 역에서 가난한 옷을 입은 나이든 여인이 기차에 올랐는데 아무도 그녀에게 자리를 내주지 않았고, 그 여인은 기차의 뒤쪽으로 힘없이 걸어오고 있었다.

곧바로 리 장군은 일어나서 자기 자리를 그녀에게 내주었다. 그러자 다른 사람들이 차례로 그 장군에게 자신의 자리를 양보했다. "아닙니다, 신사 여러분. 만일 이 노인을 위한 자리가 없다면 나를 위한 자리도 없을 것입니다!"라고 그가 말했다.

이기심은 불안정감의 표시다. 다른 사람의 필요를 먼저 생각하는 겸손과 능력은 자기 존중의 표시다.

> 아무 일에든지 다툼이나 허영으로 하지 말고
> 오직 겸손한 마음으로
> 각각 자기보다 남을 낫게 여기고 (빌 2:3)

의사는 환자들을 돕고자 하는 마음으로 자신의 삶을 살아간다. 1820년에 푸트남 카운티 출신의 한 의사가, 자신의 부주의로 6주 된 여자 아기의 눈이 감염되어 소경이 되어 버린 것을 알게 되었고, 그것을 알게 된 그는 자신을 용서할 수 없었다. 자신의 죄책감과 수치심에서 벗어나고자 그는 뉴욕에서 다른 곳으로 이사했다.

만일 그가 조금 더 오래 머물렀다면 그로 인해 실명되었던 소녀가 바로 화니 크로스비(Fanny Crosby)였음을 알게 되었을 것이다. "만일 내가 지금 그를 만날 수 있다면 나를 소경으로 만들어 준 것에 대해 거듭 고맙다고 말할 수 있을 텐데."라며 수년이 지난 후 화니가 말했다. 그녀는 자신이 소경이 된 것이 하나님의 선물이라고 믿었다. 소경이었기 때문에 찬송가 쓰는 일에 집중할 수 있었고, 그로 인해 유명하게 되었다. 그녀는 94년의 생애 동안에 8천 곡 이상의 가사를 썼다. 때로 그녀의 머리에는 각각 다른 작곡 단계에 있는 40곡 정도의 노래가

> 보이지 않는 것을 볼 수 있는 자만이 불가능한 일을 할 수 있다.

떠올랐다. 일단 한 곡이 완성되면 그녀는 친구에게 불러주었고, 그 친구는 그 곡을 출판사로 보내곤 했다. 화니의 긍정적인 태도와 놀라운 재능과 하나님을 향한 깊은 사랑은 많은 사람들이 불가능하게 생각하는 것을 할 수 있게 했다.[19]

당신의 인생은 사람의 눈으로 볼 수 있는 것보다 더 중요한 것들이 많다. 하나님의 도우심이 없다면 결코 할 수 없었는데 그분의 도우심으로 당신이 한 것은 무엇인가?

> 믿음으로 모든 세계가 하나님의 말씀으로 지어진 줄을 우리가 아나니 보이는 것은 나타난 것으로 말미암아 된 것이 아니니라 (히 11:3)

62

• • • • • •

성공하고자 단호하게 결심하는 것보다
더 중요한 것은 없다

유명한 여배우인 헬렌 하예스는 배우 경력 초기부터 자신이 중요한 역할을 맡을 것이라는 성공 잠재력을 '확고부동' 하게 믿었다. 그녀는 다음과 같은 특별한 오디션에 대해 이야기한 적이 있다.

> 작가들이 대본을 내게 주기 전에 그들은 당연하다는 태도로 "물론 당신은 피아노를 칠 수 있겠지요? 당신은 그 대목에서 직접 반주하면서 노래 부를 겁니다."라고 말했다. 이러한 놀라운 소식을 들었을 때 그녀의 어머니는 당황하는 모습이 역력했다. 나는 어머니가 들을 수 있도록 큰소리로 대답했다. "물론 저는 피아노를 칠 수 있습니다."

그 극장을 떠날 때 어머니는 한숨을 내쉬었다. "나는 네가 불리한 조건을 가지고 출발하는 것이 싫어. 도대체 왜 피아노를 칠 수 있다고 말했니?" "다시 리허설하기 전까지는 피아노를 칠 수 있을 거라고 느꼈거든요."라고 나는 말했다. 우리는 곧 피아노를 빌리려다가 결국 한 대를 사게 되었다. 나는 즉시 레슨을 받았고, 악보를 더 이상 안 봐도 될 때까지 피아노 연습을 했다. 그리고 나 자신의 반주에 맞추어 리허설을 하기 시작했다. 그때부터 나는 결코 피아노를 멀리하지 않았다.

성공에 대한 자신의 잠재력을 믿는 것은 다른 사람이 믿는 것보다 훨씬 더 중요하다. 하나님이 당신을 믿으시고, 당신을 성공하도록 지으셨다는 것을 믿어라.

> 주 여호와께서 나를 도우시므로
> 내가 부끄러워 아니하고 내 얼굴을 부싯돌 같이
> 굳게 하였은즉 내가 수치를 당치 아니할 줄 아노라 (사 50:7)

오래 전 영국에서 한 소년이 혀짤배기소리를 하면서 자랐다. 그 소년은 공부도 잘하지 못했다. 소년은 전쟁이 터졌을 때 지원하여 입대했으나 "우리는 남자가 필요해."라는 말을 듣고 군대에서 거절당했다. 또 그가 하원에서 연설하기 위해 일어났을 때 참석자 전원이 밖으로 나가 버린 일도 있었다. 사실 그는 종종 빈 자리와 공허한 메아리를 들으며 연설했다. 그러던 그가 대영제국의 수상이 되었고, 감동적인 연설과 담대한 결정으로 나라를 승리로 이끌었다. 그가 바로 윈스턴 처칠 경이다.

승리(triumph)는 단지 '노력하고자(to try)'에 'umph'를 더한 것이다.

오래 전 일리노이 주에 교육을 몇 년밖에 받지 못했고 사업에도 실패한 사람이 있었다. 그는 31세에 주 의원 선거에서 패배했고, 32세에 사업에 실패했으며, 33세에 주 의원에 당선되었고, 38세에 하원의장 선출에서 패배했다. 그는 40세에 선거인 선출에서 패배했고, 43세에는 국회의원 선거에서 패배했다. 그리고 46세에 국회의원이 되었고, 48세에 또 다시 패배했다. 55세에는 상원의원에서 패배했고, 56세에는 부통령 지명에서 패배했으며, 58세에 상원의원에서 또 패배했다. 그러나 1860년 그는 대통령으로 선출되었다.

그가 바로 에이브러햄 링컨이다.

당신이 시도하기를 멈추기까지는 패배한 것이 아니다.

> 무릇 네 손이 일을 당하는 대로 힘을 다하여 할지어다 (전 9:10)

63

· · · · ·

인내는 천재가 할 수 있는 어떤 것이라도 하게 하고, 천재가 할 수 없는 위대한 일도 하게 한다

마샬 대학의 신문학과 주임교수인 W. 페이지 피트는 학생들로부터 기대에 부응하는 사려 깊은 교수라는 명성을 얻었다. 그가 적용하는 강의의 기준은 평상시 자신의 삶의 기준보다 낮은 것이 아니었다. 비록 다섯 살 때 시력의 97퍼센트를 상실했지만, 그는 공립학교에 들어가기 위해 열심히 노력했다. 그는 눈으로는 잘 볼 수 없어서 청각에 의지해서 야구와 미식축구를 했다. 그리고 신문학과 교수가 되기 위한 목표를 이루기 위해 대학과 대학원 시절 내내 열심히 공부했다.

한 학생이 그에게 인생에서 누구나 직면할 수 있는 가장 큰 장애가 무엇이라고 생각하는지 물었을 때, 피트는 이렇

게 대답했다. "무기력, 무책임, 야망이나 노력의 부족과 같은 것들이 진짜 장애물이다. 만일 내가 어떤 것을 너에게 가르치지 못했어도 네 삶에서 무언가를 행하고자 하기만 하면, 이 과정은 놀라운 성공이 될 것이다!" [20]

당신의 삶에서 장애라고 생각되는 것이 있는가? 그것이 육체적·재정적·상황적·교육적·관계적, 혹은 심지어 영적인 것일 수도 있다. '장애'로 보는 것이 무엇이든 결국 한 가지로 요약될 것이다. 용기와 근면과 긍정적인 태도를 가지고 역경을 대처한다면, 넘지 못할 장벽은 도전할 수 있는 것이 된다.

> 부지런한 자의 경영은 풍부함에 이를 것이나 (잠 21:5)

헨리 P. 데비슨은 유명한 미국의 금융업자이고 한때 미국 적십자사 대표였다. 그는 인생의 밑바닥에서부터 출발하여, 뉴욕에서 제일 큰 은행의 은행장이 되었다.

그가 은행에서 출납원이었을 때, 강도 같이 보이는 사람이 그의 창구로 왔고, 권총을 겨누면서 창구 너머로 수표를 건넸다. 그 수표에는 하나님이 받는 사람으로 되어 있는 백만 달러가 기재되어 있었다. 데비슨은 상황의 심각함을 인식했지만 침착했다. 그 수표를 앞에 서 있는 사람에게 되돌려 주며 큰소리로 반복해서 '백만 달러'를 강조했다.

> 내가 배운 한 가지 교훈은 주의를 기울이는 것을 대체할 만한 다른 것이 없다는 것이다.

그리고 나서 데비슨은 강도일지 모르는 그 사람에게 하나님을 위해 그 백만 달러를 어떻게 사용하고 싶은지 부드럽게 물었다. 그리고 나서 그는 작은 동전을 세기 시작했다. 그동안 그가 한 말을 수상하게 여기고 청원경찰이 다가왔다. 그는 강도를 무장해제시키고, 도둑질을 막았다.

수년 후에, 데비슨은 무엇인가를 묻는 사람들에게 공손

함과 싹싹함, 그리고 자발적으로 조언하는 것이 단순히 똑똑한 것보다 더 많은 것을 얻을 수 있다고 권면했다.

좋은 대화를 하는 기술 중의 하나는 좋은 경청자가 되는 것이라는 말이 있다. 주변 사람들의 말과 행동에 주의를 기울이는 것이 당신에게 가장 좋은 학교가 될 수도 있다.

> 그러므로 모든 들은 것을 우리가
> 더욱 간절히 삼갈찌니
> 혹 흘러 떠내려 갈까 염려하노라 (히 2:1)

64

• • • • •

좋은 경청자는 어디서든지 인기 있을 뿐 아니라
또 뭔가를 얻기도 한다

블러드하운드(bloodhound: 후각이 예민한 영국 산 경찰견-역주)는 고도로 발달된 후각으로 인해 타고난 추적 능력을 지닌 것으로 알려져 있다. 그러나 블러드하운드라 할지라도 추적에서 빗나갈 수 있다. 만일 블러드하운드가 추적하는 길 앞에 청어를 매달아 놓으면 아마도 그 개는 냄새를 잃고 방향을 상실할 것이다. 그러면 그 추격은 실패하는 것이다.

논쟁에서 '붉은 청어(red herring)'는 경청하는 사람의 주의를 다른 곳으로 돌리기 위해 고안한 어떤 것을 의미한다. 그것의 의도는 주된 문제에서 다른 사람의 주의를 돌려놓는 것이다. 다른 사람의 말을 들을 때 당신의 방향을 잃게 하는 어떤 '붉은 청어'가 있는가? 다른 사람이 말하는 동안 바로 다음에 당신이 무슨 이야기를 할 것인지를 준비하고 있지는 않은가? 사람들이 말할 때 그들이 하고자 하는 말이 무엇인지 안다고 해서 말을 가로채거나 대신 끝마치지는 않는가? 당신은 생각하기 전에 말하지는 않는가? 당신은 대화할 때 자신의 의견을 주입시키지 않고 들을 수 있는가? 당신이 말해야 하는 것이 다른 사람이 말해야 하는 것보다 더 가치 있다고 느끼지는 않는가?

오늘 시험삼아 해 보라. 다른 사람이 말할 때 제대로 들어 보라. 그들의 관점이 완전히 이해될 때까지 질문하라. 당신이 말하지 않는다고 해서 다른 생각을 하지 말라. 냄새나고 오래된 청어들을 제거하라. 당신이 무언가 새로운 것을 배우게 될지 누가 알겠는가?

> 생명의 경계를 듣는 귀는 지혜로운 자 가운데 있느니라 (잠 15:31)

동경에서 열린 제18회 세계올림픽에서 다음과 같은 말이 사람들에게 깊은 인상을 주었다.

올림픽 경기에서 가장 중요한 것은 이기는 것이 아니라 참가하는 것이다. 마찬가지로 인생에서 가장 중요한 것은 승리가 아니라 투쟁하는 것이다. 본질적인 것은 잘 싸우는 것이다.

올림픽 경기에 임하는 선수들은 이미 각 나라에서 최고 중의 최고다. 모든 선수들은 동료들이 결코 도달하지 못할 만큼 최상의 기량을 가졌다. 그러나 그중 오직 한 사람만이 금메달, 은메달, 동메달을 목에 걸게 된다.

> 실패하면 낙심할지 모른다. 그러나 시도하지 않는 것은 불행한 것이다.

텔레비전 시대에 이기는 것에만 익숙해 있는 사람들은 동료와의 관계뿐 아니라 이웃들과의 관계도 소홀해질 수 있다. 올림픽에서 중요한 것은 이기는 것이 아니라 경쟁하고, 시도해 보고, 최상의 노력을 기울일 기회를 갖는다는 것이다.

당신이 겨루는 경기가 무엇이든 이기는 것이 중요한 것

은 아니다. 시도하고 최상의 노력을 경주하는 것이 '금보다 더 나은' 지속적인 특성과 성격을 당신 안에 새겨 줄 것이다.

> 게으른 자는 마음으로 원하여도 얻지 못하나
> 부지런한 자의 마음은 풍족함을 얻느니라 (잠 13:4)

65

• • • • •
성공이 결코 최종적인 것이 아니고,
실패는 결코 치명적인 것이 아니다.
중요한 것은 용기다

『성공하는 사람들의 7가지 습관』에서 스티븐 코비는 이렇게 말했다.

산드라와 내가 함께했던 가장 영감 넘치는 시간은, 우리의 사랑하는 친구 캐럴이 암으로 투병했던 4년간의 기간이었다. 그녀는 결혼할 때 산드라의 들러리 중 한 사람이었고, 25년 넘게 친한 친구로 지내왔다.

캐럴이 암 투병 마지막 단계에 있었을 때, 산드라는 침대 옆에서 그녀가 개인적으로 정리할 일들을 도왔다. 자녀들에게 삶의 다양한 시기에 전해 줄 특별한 메시지를 쓰려고 하는 친구의 용기와 열망에 감탄한 아내는 캐럴과 함께 힘든 과정을 마치고 돌아왔다. 캐럴은 감정과 정신적인 기능을 제대로 유지하고자 가능한 한 약을 덜 쓰려고 했다. 나중에 그녀는 글로 쓰는 것 대신에 테이프 녹음을 하거나 산드라에게 직접 이야기했다. 캐럴은 너무나 적극적이고 용감하며 다른 사람들에게 관심이 있었기에 주변의 많은 사람들에게 막대한 영감의 원천이 되었다.

용기는 오늘날 세상에서 없어서는 안 될 반드시 필요한 것이다. 그것을 개발하도록 추구하라.

> **강하고 담대하라**
> **여호와를 바라는 너희들아** (시 31:24)

오스왈드 챔버스(Oswald Chambers)는 모든 세대를 통틀어 가장 위대한 종교 작가 중의 한 사람으로 알려졌다. 비록 챔버스의 이름으로 나온 책은 30권이지만 실제로 그가 쓴 책은 오직 한 권 *Baffled to Fight Better* 뿐이다. 사실 법원 속기사인 그의 아내 거트루드는 결혼한 첫 7년 동안 남편의 설교를 속기로 기록했다. 그녀는 친구의 재촉에 못 이겨 메모한 것을 준비해 출간하도록 했다.

> 당신의 일이 번명할 때 방해하지 말라.

챔버스의 가장 잘 알려진 책인 *My Utmost for His Highest*는 1935년 출판된 이래로 계속 나오고 있다. 그의 아내의 지칠 줄 모르는 노력의 결과로 출간된 이 책은 수백만 부가 출판되어 계속해서 종교 부문 베스트셀러 10위 안에 들게 되었다. 거트루드는 자신의 공로를 알아주기를 원하지 않았다. 그녀는 보이지 않게 무대 뒤에서 일하는 것이 자신의 은사라고 생각했다.

챔버스는 이렇게 말한 적이 있다. "결코 당신의 경험에서 원리를 만들지 말라. 다른 사람과 마찬가지로 당신과 함께하시는 하나님이 원천(original, 근원)이 되도록 하라."[21]

하나님이 당신이 하도록 그냥 놓아두신 것은 무엇인가? 당신과 비슷한 직업을 가진 주변 사람들과 자신을 비교하지 말라. 하나님이 당신을 위해 창조하신 그 일을 성취할 유일한 사람은 바로 당신이다. 당신은 그것이 무엇이라고 생각하는가? 그 일에 대한 자질을 개선하기 위해 당신이 할 수 있는 것은 무엇인가?

> 각각 자기의 일을 살피라 그리하면
> 자랑할 것이 자기에게만 있고
> 남에게는 있지 아니하리니 (갈 6:4)

66

· · · · ·

빈약한 눈은 당신의 시력을 제한하고,
빈약한 비전은 당신의 행위를 제한한다

역사상 가장 큰 재앙 중의 하나가 1271년에 발생했다. 그해 마르코 폴로의 아버지와 삼촌인 니콜로 폴로와 마테오 폴로는 중국 전역과 인도 전역 그리고 동쪽 전 지역의 통치자로 여겨지던 쿠빌라이칸을 방문했다.

쿠빌라이칸은 니콜로와 마테오가 들려준 기독교 이야기에 매력을 느꼈다. 쿠빌라이칸은 니콜로와 마테오에게 이렇게 말했다. "당신들은 당신네 대제사장에게 가서 나를 대신하여 기독교에 정통한 사람 백 명을 보내 달라고 하시오. 그러면 나는 세례를 받을 것이요. 그리고 나면 나는 모든 귀족들에게 세례를 베풀고, 높은 사람들과 그들의 종들도 세례를 받게 할 것이요. 그러면 당신네보다 이곳에 기독교인들이 더 많아지게 될 것이요."

하지만 니콜로와 마테오는 쿠빌라칸이 요청한 것을 행하지 않았다. 30년이 지난 후에 몇몇 선교사들이 갔지만 그때는 수도 너무 적었고 때도 이미 늦어 버렸다.

서양은 동양에 복음을 전하고자 하는 비전이 분명 없었다. 만일 13세기에 중국, 인도 그리고 다른 동양 지역이 기독교로 개종했다면 오늘날 세계가 달라졌을 텐데 이것을 생각하면 움찔해진다.

오늘 당신에게 비전이 없다면 하나님께 비전을 구하라. 하나님은 당신이 상상도 할 수 없는 놀라운 것들을 보여 주실 것이다!

> 묵시가 없으면 백성이 방자히 행하거니와
> 율법을 지키는 자는 복이 있느니라 (잠 29:18)

가족도 없고 아무에게도 사랑받지 못한 고아 소년에 대한 이야기가 있다. 슬프고 외로워 보이는 소년은 어느 날 초원을 걸어가다가 가시에 찔려 날지 못하고 있는 조그마한 나비를 보았다. 벗어나려고 애쓰면 애쓸수록 그 나비는 가시에 더 깊숙이 찔렸다. 소년은 조심스럽게 나비를 풀어 주었다. 그런데 나비는 날아가는 대신에 그의 눈앞에서 천사로 변하는 것이었다.

> 사람들은 다리를 놓는 대신 벽을 만들기 때문에 외로운 것이다.

소년은 믿을 수가 없어 자신의 눈을 비볐다. 그러자 그 천사가 말했다. "당신이 제게 친절을 베풀었으니 당신이 원하는 것은 무엇이든 들어 주겠어요." 소년은 잠시 생각하고서 말했다. "나는 행복하기를 원해요!" 천사는 "좋습니다."라고 말하고 나서 소년에게 귓속말을 하고 사라졌다.

소년은 점점 성장했고, 그 지역에 소년만큼 행복한 사람은 아무도 없었다. 사람들이 그에게 행복의 비결을 물었을 때 그는 단지 미소를 지으며 말했다. "내가 어린 소년이었을 때 어떤 천사의 말을 들었답니다."

그에게 임종의 순간이 다가왔을 때 이웃들이 그의 주위에 둘러섰고, 그에게 행복의 열쇠를 알려 달라고 요청했다. 그는 마침내 그들에게 말했다. "그 천사가 나에게 말하기를 아무리 걱정이 없어 보이는 사람이든, 아무리 젊은 사람이든 나이든 사람이든, 또 아무리 부자이든 가난한 사람이든 간에 그들에게는 내가 필요하다고 말했어요."

당신은 오늘 만나는 모든 사람들에게 무언가를 줄 수 있다. 그들과의 사이에 벽을 쌓기보다는 다리를 세워라!

> 마지막으로 말하노니 너희가 다 마음을 같이하여 체휼하며 형제를 사랑하며 불쌍히 여기며 겸손하며 (벧전 3:8)

67

• • • • • •

용서란 다른 사람을 벌할 수 있는
당신의 권리를 포기하는 것이다

켄트와 그의 아내는 집 앞에서 나는 계란 떨어지는 둔탁한 소리에 잠을 깼다. 이번이 처음은 아니었다. 켄트의 예전 직원 크리스는 해마다 하는 켄트의 비난에 화를 냈다. 크리스는 켄트의 비난에 대해 복수하려는 마음으로 주말을 보내는 것 같았다. 장난 전화, 화장지로 덮인 나무들, 그리고 켄트의 차와 현관에서 치워야 할 터진 계란들, 켄트는 마침내 스스로 이 문제를 해결해 보기로 했다.

계란으로 복수하는 대신에 켄트는 이 문제를 논의하기 위해 크리스를 점심 식사에 초대했다. 처음에 크리스는 자신이 한 게 아니라고 부인했다. 그래서 켄트는 접근 방식을 바꾸어 크리스에게 자신이 이전에 들어주지 않았던 이야기가 있는지 물어 보았다. 그러자 크리스는 마음을 열기 시작했고, 자신의 일에 대한 켄트의 비난에 분노를 표현했다. 그러나 켄트가 크리스의 마음을 알아주자 그는 분노가 조금씩 사라지기 시작했다. 그날부터 주말에 걸려왔던 장난 전화도 없어졌다.

문제에 접근하는 당신의 방식에 따라 평화적인 관계가 될 수도 있고, 적대적인 관계가 될 수도 있다. 삶에서 보통 때와는 다른 태도로 문제에 접근해야 할 상황이 있는가? 만일 그렇다면 그 문제를 해결하기 위해 오늘 취할 수 있는 한 가지 행동은 무엇인가?

> 서서 기도할 때에 아무에게나 혐의가 있거든 용서하라 그리하여야 하늘에 계신 너희 아버지도 너희 허물을 사하여 주시리라 하셨더라 (막 11:25)

자유여신상의 높이와 그레이하운드 버스의 둘레 정도까지 자라는 미국삼나무(redwood)는 지상에서 가장 큰 식물이다. 미국삼나무의 전형적인 숲은 아마존 열대우림을 포함한 지상의 어떤 지역보다도 생물자원이 풍부하다. 발 두께까지 자랄 수 있는 이 나무의 껍질은 불, 가뭄 그리고 흰개미의 공격까지도 견뎌낸다. 수백 년 동안 생존하는 세계에서 가장 거대한 이 나무는 캘리포니아 북부 해안, 시에라 네바다 산맥 그리고 중국의 외딴 계곡 세 곳에만 존재한다.

> 연합은 힘을 창조한다.

이 나무들의 거대한 높이와 무게를 생각할 때 대부분의 사람들은 미국삼나무의 뿌리가 엄청나게 깊을 거라고 생각한다. 그러나 실제로 그 뿌리는 상당히 얕다. 그 대신 미국삼나무는 서로 함께 숲을 이루고 자라서 견고하게 서는 데 필요한 힘을 얻는다. 그렇게 함으로써 이 나무의 얕은 뿌리는 이웃한 삼나무 뿌리들과 서로 연결된다. 이것이 전체 숲이 잘 견디게 하는 요소가 된다.

확신 가운데 견고하게 설 힘이 필요할 때 당신은 누구와 연결되어 있는가? 인생의 폭풍이 당신의 길에 불어 닥칠 때 당신은 누구를 의지하는가? 가족, 친구 그리고 멘토들이 있을 때, 당신은 어떤 상황 가운데서도 똑바로 서도록 도움받고 후원받을 수 있을 것이다.

> 평안의 매는 줄로 성령의 하나 되게
> 하신 것을 힘써 지키라 (엡 4:3)

68

능력은 마치 세금 공제와 같다.
우리는 그것들을 사용하거나 잃어버릴 수 있다

직원들 가운데 여러 명의 백만장자를 배출하여 유명해진 앤드루 카네기는 자존감과 내면의 위대한 잠재력을 처음으로 강조한 사람 중 하나다. 하루는 한 기자가 그에게 물었다. "마흔세 명의 백만장자들이 당신을 위해 일한다는 사실을 어떻게 설명할 수 있겠습니까?"

카네기가 대답했다. "그들이 처음 왔을 때는 부자가 아니었습니다. 우리는 금을 캐는 것 같은 방식으로 사람들과 함께 일합니다. 적은 양의 금을 발견하기 전에 먼저 많은 불순물을 제거해야 합니다."

앤드루 카네기는 사람들을 어떻게 변화시킬 수 있는지를 알았다. 그는 직원들의 내면에 감추어진 보화를 알아내고, 그것을 개발하도록 영감을 불어넣으며, 그들의 삶에 변화를 주시하고 격려하면서 그들을 도왔다.

철학자이면서 심리학자인 윌리엄 제임스는 이렇게 말한 적이 있다. "우리는 완전히 깨어 있지 못하고 단지 절반 정도만 깨어 있는 것 같다. 우리는 육체적·정신적 자원의 일부분만 사용하고 있다. 인간은 자신의 한계보다 더 멀리 나아갈 수 있다. 인간은 습관적으로 사용해서 실패한 여러 종류의 능력을 갖고 있다."

달리 말해서 대부분의 사람들은 오직 그들의 능력 중 일부분만을 개발한다는 것이다. 당신 삶에 더 큰 비중으로 나아가라. 내면에 있는 보화를 발견하라!

> 각각 은사를 받은 대로
> 하나님의 각양 은혜를 맡은
> 선한 청지기같이 서로 봉사하라 (벧전 4:10)

몇 년 전에 유명한 텔레비전 서커스가 벵골산 호랑이와 함께하는 연극을 개발했다. 이 연극은 많은 청중 앞에서 생중계로 공연되었다. 어느 날 밤, 호랑이 조련사가 여러 호랑이와 함께 우리로 들어갔다. 보통 때처럼 문은 뒤에서 잠겼다. 스포트라이트가 그 우리에 물결쳤고, 텔레비전 카메라가 가까이서 작동하여 청중은 조련사가 능숙하게 호랑이들을 다루는 것을 볼 수 있었다.

> 용기는 두려움의 부재가 아니라 두려움을 정복하는 것이며 두려움에 저항하는 것이다.

그런데 공연 도중에 최악의 사태가 발생했다. 불이 꺼진 것이다. 거의 30초 동안 조련사는 어둠 속에서 호랑이들과 갇혀 있었다. 호랑이는 뛰어난 야간 시력을 가지고 있기에 조련사를 볼 수 있었다. 그러나 조련사는 호랑이들을 볼 수 없었다. 그런데 불이 다시 들어왔을 때 그 전과 달라진 것은 아무것도 없었고 조련사는 침착하게 공연을 끝마쳤다.

불이 나갔을 때 어떤 기분이었느냐는 질문에 조련사는 처음에는 오싹한 두려움을 느꼈다고 했다. 그러나 비록 조련사가 호랑이들을 볼 수 없었다 해도, 호랑이들은 그가 호랑이들을 볼 수 없다는 사실을 모른다는 것을 깨달은 후에는 아무런 두려움도 느끼지 않았다는 것이다. "나는 단지 채찍을 휘두르며 불이 다시 들어올 때까지 호랑이들에게 말했답니다. 호랑이들은 자신들이 나를 볼 수 있는 것처럼 나도 그들을 볼 수 있다고 생각했겠지요."라고 말했다.

두려움의 사자가 당신에게 성큼성큼 다가오는 것을 느낄 때 계속 그들에게 말을 걸어라.

> 내가 사망의 음침한 골짜기로 다닐지라도
> 해를 두려워하지 않을 것은
> 주께서 나와 함께하심이라 (시 23:4)

69

• • • • •

기도는 보이는 세상에서 사용할 수 있는
보이지 않는 무기다

텔 아비브의 주요 도로와 요단강으로 뻗어 있는 다리는 둘 다 영국 군인인 비스카운트 에드문드 헨리 하인만 알렌비를 기념하여 붙인 이름이다. 이집트 원정군 사령관이었던 그는 1917년과 1918년에 팔레스타인에 있는 터키의 의도를 간파하여 격퇴시켰고, 한 발의 총도 쏘지 않은 채 예루살렘을 정복했다.

영국 군인인 알렌비는 유대인을 본토에 정착시키고자 하는 영국의 공식 정책에 헌신적이지는 않았지만, 팔레스타인에 거주하고자 하는 유대인의 갈망을 깊이 이해했다. 런던에서 환영받을 당시, 그는 어릴 때부터 저녁 기도시간에 무릎을 꿇고 어머니의 기도를 따라했던 것을 이렇게 말했다. "오, 주여 우리는 당신의 오랜 백성 이스라엘을 잊을 수 없나이다. 이스라엘이 다시 당신의 백성이 되고 당신의 은총으로 그들의 땅이 회복되게 하소서."

알렌비는 "나는 하나님께서 내가 어린 시절에 한 기도가 응답되도록 나를 사용하실 줄은 전혀 몰랐습니다."라는 말로 끝맺음을 했다.

오늘 당신이 기도하는 것은 내일 이루어질 일의 좋은 부분이 될지도 모른다. 지금 기도하며 꿈꾸는 세상이 언젠가 당신이 살게 될 세상이 될 것이다!

> 우리의 싸우는 병기는 육체에 속한 것이 아니요 오직 하나님 앞에서 견고한 진을 파하는 강력이라 (고후 10:4)

캔사스의 한 공동묘지에는 이상한 기념비가 있다. 고아였던 존 M. 데이비스는 처갓집을 너무 싫어하여 자신의 재산이 처갓집으로 가지 못하도록 조치했다. 또 그 지역에는 병원이 꼭 필요했는데, 병원 건축을 위해 부지를 구입할 때도 자신의 부동산 기부를 거절했다.

1930년에 아내가 죽은 후 데이비스는 자신과 아내를 위한 정교한 무덤을 만드는 데 돈을 투자했다. 그 무덤 속에는 그들 부부가 살았던 삶의 여러 가지면을 묘사하는 많은 동상들이 있다. 외로운 사람이었던 데이비스는 빈 의자 옆에 앉아 있는 모습의 동상이었다. 또 다른 동상은 그가 아내의 묘비 앞에 화환을 두는 모습이다. 거기에 있는 많은 동상들은 캔사스 화강암으로 만들어진 것이다. 하지만 기념비를 유지할 비용은 남기지 않았다.

> 돈은 마치 팔 다리와 같다. 그것을 사용하라. 그렇지 않으면 잃게 될 것이다.

오늘날 그 무덤의 값비싼 기념비는 동상의 무게로 인하여 천천히 땅 속으로 가라앉고 있다. 또 평원지대의 강한 바람으로 풍화되었다. 마을 사람들은 데이비스의 무덤을 '옛 사람의 어리석음'이라고 간주한다. 많은 사람들은 그 기념비가 50년 안에 알아볼 수 없을 정도로 지워져 사라질 것이라고 한다. 결국 이렇게 화강석의 먼지가 되어 사라질 것이라면 현대의 유산으로 바꾸는 편이 좋았을 텐데.

성경은 자신의 이기적인 욕망을 위해 돈을 쌓아두지 말고 가난한 사람들에게 베풀라고 한다. 우리가 그렇게 할 때 하나님은 더 많이 축복하신다. 더 많이 줄수록 우리는 더 많이 받게 된다. 그리고 우리의 유산은 망각 속으로 사라지기보다는 미래까지 남아 있게 될 것이다.

> 너희 소유를 팔아 구제하여 낡아지지 아니하는 주머니를 만들라 곧 하늘에 둔바 다함이 없는 보물이니 거기는 도적도 가까이 하는 일이 없고 좀도 먹는 일이 없느니라 (눅 12:33)

여러 번 시도하고, 시도하기를 포기하지 말라

1894년에 열여섯 살 된 한 소년이 영국 해로에 있는 수사학 선생님한테서 온 성적표에 붙어 있는 메모지를 발견했다. 메모에는 다음과 같이 적혀 있었다. "성공의 요소가 눈에 띄게 없음." 그 청년은 20세기의 가장 유명한 연설가가 되려고 노력했다. 그가 바로 윈스턴 처칠이다.

1902년 스물여덟 살의 영감 넘치는 작가가 한 월간지의 시 편집자한테서 전에 자신이 보냈던 시 한 묶음을 거절 편지와 함께 돌려받았다. 그 편지에는 이런 메모가 적혀 있었다. "우리 잡지에는 딱딱한 당신의 시를 실을 공간이 없습니다." 그렇지만 그는 자신의 작품을 출간하려고 계속 시도했다. 그 시인이 바로 로버트 프로스트였다.

1905년 번 대학은 어떤 박사 학위 논문을 공상적이고 부적절한 것이라고 판단하여 통과시키지 않았다. 그 논문을 썼던 물리학도는 계속 시도하여 자신의 이론을 받아들일 수 있는 개념으로 발전시켰다. 그가 바로 앨버트 아인슈타인이다.

　거절이 당신의 결심을 흔들고 목표를 흐리게 해도 계속 시도하라. 만일 포기하지 않으면 언젠가 당신의 꿈은 실현될 것이다!

> 그러므로 의인은 그 길을 독실히 행하고
> 손이 깨끗한 자는 점점 힘을 얻느니라 (욥 17:9)

수년 동안 고되게 일하고 재정적으로 어느 정도 안정이 된 후에 마침내 클라크 가정은 일생에 걸친 모험을 시작할 준비가 되었다. 여권과 티켓을 준비하여 스코틀랜드에서 미국으로 여행한다는 것이 일곱 명의 자녀를 둔 가족으로서는 힘든 일이었다. 미국에서의 새로운 삶에 대한 약속은 그들에게 필요한 모든 열의를 불러일으켰다.

하지만 출발 한 주를 남기고 클라크의 막내아들이 개에게 물렸다. 광견병에 걸렸을 가능성이 있기에, 의사는 클라크의 대문 앞에 노란 종이를 붙였다. 이것은 모든 사람에게 이 집이 14일간 검역 기간 하에 있음을 알리는 것이었다. 클라크의 가족들은 모두 실망했지만 어쩔 수 없었다. 결국 해외로 가는 여객선은 그들 없이 떠나게 되었다.

> 사람을 '자신의 운명의 건축자'라고 말하지 말고 '자신의 인격의 건축자'라고 말하자.

5일 후에 스코틀랜드 전역이 떠들썩했다. 결코 침몰할 것 같지 않던 타이타닉 호가 침몰한 것이었다. 그 미친개가 막내아들을 물지 않았더라면 클라크 가족은 그날 밤 얼어붙은 바다 가운데서 익사한 수백 명의 사람들과 함께 목숨을 잃었을 것이다.

모든 삶은 보이지 않는 손으로 쓰여진 이야기다. 당신은 출생도 죽음도 통제할 수 없다. 그러나 당신의 인격을 빚는 일은 언제나 당신 손에 있다. 당신은 어떤 사람이 될 것인가? 정직한 남자가 될 것인가? 존경받을 만한 여인이 될 것인가? 선택은 당신에게 달려 있다.

> 죽기 전에는 나의 순전함을 버리지 않을 것이라 내가 내 의를 굳게 잡고 놓지 아니하리니 일평생 내 마음이 나를 책망치 아니하리라 (욥 27:5-6)

71

• • • • •

자신을 돕는 자가 전능하다는 것을
기억하는 사람은 절망하지 않는다

탠리 존스는 아프리카 정글에서 길을 잃어버린 한 선교사에 대해 이야기한다. 그 선교사가 주위를 둘러보았을 때는 덤불과 몇몇 개간지밖에 볼 수 없었다. 선교사는 마침내 원주민 오두막을 발견하게 되었다. 그는 원주민 한 사람에게 자신을 정글 밖 선교기지로 안내해 줄 수 있는지 물었다. 그러자 원주민은 그렇게 해주겠다고 대답했다.

선교사는 "고맙소!" 하고 환호성을 질렀다. "어떻게 가나요?" 하고 묻자 원주민은 "걸어서요." 하고 응답했다. 그래서 그들은 아무런 표시가 없는 그 정글의 풀을 베어 길을 내면서 한 시간 이상을 걸어 나갔다.

선교사는 잠시 쉬면서 다시 주위를 둘러보았다. 또 다시 길을 잃었다는 느낌이 들었다. 이번에도 그가 볼 수 있는 것은 덤불과 몇몇 개간지뿐이었다. "당신은 이 길이 맞다고 확신하나요? 나는 전혀 길이 보이지 않소."라고 그가 말했다.

원주민은 그를 보면서 대답했다. "선생님, 이곳에는 길이 없답니다. 제가 곧 길이지요."

우리가 어디로 가는지 방향에 대한 실마리를 찾지 못할 때, 우리를 인도하시는 하나님은 모든 것을 알고 계신 전능하신 분이심을 기억해야 한다. 하나님은 무소부재하셔서 우리와 항상 함께 계신다. 우리가 힘이 없고 약할 때 우리는 전능자이신 하나님을 기억해야 한다. 그분이 우리에게 필요한 모든 것이 되신다.

> 내가 산을 향하여 눈을 들리라
> 나의 도움이 어디서 올꼬 나의 도움이
> 천지를 지으신 여호와에게서로다 (시 121:1-2)

더그 니콜스는 1960년대에 인도의 결핵 병동에 있던 여느 환자와 똑같았다. 그는 미국 출신의 선교사로서 다른 사람들을 돕기 위해 왔다. 그러나 오히려 그 자신이 도움을 필요로 하게 되었다. 비록 잦은 기침으로 몸도 쇠약해지고 고통스럽기도 했지만 더그는 주위에 있는 사람들에게 하나님의 사랑을 나누고자 노력했다. 다른 환자들은 아무도 그가 말하는 것에 관심을 갖지 않는 것 같았다.

> 섬김이란 작업복 안에 있는 사랑이다.

어느 날 아침, 더그는 침대에서 일어나려 했지만 제대로 일어날 수 없는 한 노인을 보았다. 잠시 후 한 간호사가 그 노인에게 다가가더니 화를 버럭 내는 것이었다. 그러고는 그 노인을 침대에 내동댕이쳤다. 약할 대로 약해지고 당황한 노인은 울기 시작했다. 새벽 2시경, 그 장면이 또 재연되었다. 노인은 다시 침대에서 몸을 일으키려 했지만 탈진해서 넘어졌다. 이번에는 더그가 침대에서 일어나 노인을 화장실로 부축해 주었다.

그날 아침 늦게 다른 환자가 더그에게 뜨거운 차를 가져왔는데, 더그는 그 향을 맡고 잠에서 깨어났다. 그 환자는 의사, 간호사 그리고 병원에 있는 다른 많은 환자들과 함께, 더그가 그들에게 전하고자 했던 하나님에 대한 이야기를 듣고자 했다.[22]

더그가 노인을 섬긴 단순한 행동이 그가 하고자 했던 어떤 설교보다 더 의미가 있었던 것이다. 당신은 행동으로 주변에 있는 사람들에게 어떤 종류의 메시지를 전하고 있는가?

> 너희 중에 큰 자는 너희를 섬기는 자가 되어야 하리라 (마 23:11)

72

• • • • •

인생에서 아무것도 행한 것이 없는 사람은 인생에서 별로 행한 것이 없는 사람을 판단할 자격이 없다

1700년대에 영국의 한 구두 수선공이 세계 여러 나라를 위해 기도하고자 작업실 벽에 세계지도를 걸어 놓았다. 이러한 기도 결과로 그는 특별한 선교 지역에 대해 고민하게 되었다. 그는 목회자들 모임에서 이 고민을 상의했다. 그러나 한 원로 목사님으로부터 이런 말을 듣게 되었다. "젊은이, 앉게. 하나님이 이교도의 회심을 원하신다면, 그분은 자네나 나의 도움 없이도 그 일을 하실 거네."

그때 구두 수선공이었던 윌리엄 캐리는 그 원로 목사님의 말을 듣고도 자신의 선교에 대한 기도의 불꽃을 꺼뜨리지 않았다. 그에게 주어진 사역을 감당할 다른 선교사를 찾을 수 없었기에 결국 자신이 선교사가 되었다. 인도에서

개척자로 그가 기울인 노력은 가히 전설적이었다. 하나님을 위한 그의 놀라운 업적은 많은 교회사가들에 의해 기록되었다.

다른 사람들의 열정에 대해 어떻게 반응할 것인지 주의하라. 하나님을 향한 다른 사람의 열정에 찬물을 끼얹지 말라. 하나님이 그들에게 주신 새로운 아이디어에 대해 창의성을 억누르지 않도록 조심하라.

다른 사람의 일을 관대하고 친절하게 평가하여 가치 있는 일들을 격려하자. 판단은 천천히 하고 칭찬은 빨리 하자. 그리고 당신 자신의 삶을 위해서도 동일하게 기도하자!

> 비판치 말라 그리하면 너희가
> 비판을 받지 않을 것이요 정죄하지 말라
> 그리하면 너희가 정죄를 받지 않을 것이요 (눅 6:37)

한 청년이 영생을 얻으려면 무엇을 해야 하는지 물으려고 예수님께 왔다. 예수님은 그에게 계명을 지켜야 한다고 말씀하셨다. 그러자 청년은 항상 계명들을 다 지켜왔다고 주장했다. 예수님은 청년에게 "네가 온전하고자 할진대 가서 네 소유를 팔아 가난한 자들을 주라 그리하면 하늘에서 보화가 네게 있으리라 그리고 와서 나를 좇으라"(마 19:21)고 충고하셨다.

> 사람, 장소 그리고 물건들은 결코 우리에게 생명을 주지 않는다. 오직 하나님만이 인생을 만족하게 할 수 있는 창조주시다.

성경은 우리에게 "그 청년이 재물이 많으므로 이 말씀을 듣고 근심하며 가니라"(22절)고 증거한다. 청년이 재물을 소유했을 뿐 아니라 그 재물 또한 그를 소유했음이 분명하다! 그는 하늘의 영원한 것을 얻기 위해 땅의 일시적인 것들을 떠나보낼 수는 없었다. 예수님은 하늘의 '보화'가 지금 우리의 것이 될 수 있다고 가르치신다.

이 청년은 영생의 유익을 얻고자 죽을 때까지 기다릴 수 없었다. 만일 그가 붙잡고 있던 '소유'를 기꺼이 포기하고

자 했다면, 그는 인생에서 커다란 기쁨과 평안 그리고 만족을 누릴 수 있었을 것이다. 이것들은 그의 삶에서 분명 결핍된 것들이었다.

오늘 당신이 가진 것들을 보라. 당신이 가진 것들 중에 그것을 필요로 하는 누군가에게 줄 만한 것이 있는지 찾아보라. 그리고 주는 것에 대한 보상이 어떠한지를 발견하라!

> 내가 온 것은 양으로 생명을 얻게 하고
> 더 풍성히 얻게 하려는 것이라 (요 10:10)

73

· · · · ·
용기 있는 한 사람이 다수를 만든다

고대 그리스의 전설에는 두 명의 진실한 친구 다몬과 피디아스에 관한 이야기가 있다. 그들은 악명 높은 폭군 디오니시우스 1세가 통치할 때 시러큐스에서 살았다. 피디아스가 디오니시우스 1세를 반역할 음모를 꾸몄다는 이유로 사형이 언도되었을 때, 그는 고향에 돌아가 자신의 일을 잘 마무리하고 올 수 있을 정도의 시간을 달라고 간청했다. 다몬이 그를 변호하기 위해 일어섰고, 피디아스가 돌아올 동안 자기 생명을 담보로 내놓겠다고 했다.

사형 집행일이 다가왔으나 피디아스는 돌아오지 않았다. 다몬은 어리석은 짓을 했다고 사람들에게 조롱거리가 되었다. 사람들은 사형 언도를 받은 사람이 자유를 맛보고는 돌아오지 않는 거라고 생각했다. 그러나 다몬은 친구

피디아스가 자신이 한 말에 대해 진실할 거라고 끝까지 믿었다. 다몬이 처형되는 바로 그날 약속한 대로 피디아스가 돌아왔다. 디오니시우스 1세는 그 친구의 진실함에 크게 감동되어 그들 둘을 살려 주었을 뿐만 아니라 그들의 우정에 자기도 포함시켜 달라고 요청했으며, 그들이 어떻게 이같은 친구가 될 수 있었는지 가르쳐 달라고 했다.[23]

당신을 향한 하나님의 진실함은 피디아스를 향한 다몬의 충성보다 훨씬 더 강하다. 하나님은 온 세상이 다 등을 돌린다 해도 당신 편이다.

> 너는 마음을 강하게 하고 담대히 하라 그들을 두려워 말라 그들 앞에서 떨지 말라 이는 네 하나님 여호와 그가 너와 함께 행하실 것임이라 반드시 너를 떠나지 아니하시며 버리지 아니하시리라 (신 31:6)

룻 벨이 10대였을 때, 그녀는 어린 시절부터 자라난 고향 중국에서 한국에 있는 학교로 보내졌다. 당시 룻은 부모님의 뒤를 잇고자 선교사가 되었다. 그녀는 티벳 사람들을 섬기는 확실한 '늙은 하녀'로 자신을 상상했다. 그러나 학교 다니는 동안, 룻은 자신의 남편이 어떤 류의 사람이어야 하는지 심각하게 생각했다. 한 책(*A time for Remembering*)에서 말했듯이 그녀는 다음과 같은 특별한 목록을 열거했다.

> 당신은 당신이 결혼하는 그 사람보다 더 중요한 결정을 할 수 없을 것이다.

만일 내가 결혼한다면 … 그는 하늘에 닿을 정도로 키가 커야 한다. 그의 어깨는 가정의 짐을 나르기에 충분할 정도로 넓어야 한다. 그의 입술은 미소를 잘 지을 수 있도록 두툼해야 하고, '아니오'라고 말할 수 있을 정도로 꿋꿋해야 하며, 키스할 수 있을 정도로 부드러워야 한다. 사랑하는 마음은 아주 깊어서 그리스도 안에 거할 수 있어야 하고, 아주 넓어서 잃어버린 전 세계의 영혼들을 품을 수 있어야 한다. 그는 영혼을 구원하기에 충분할 만큼 행동적이어야 한다. 그는 충분히 부드럽고 생각이 깊은 위대한 사람이어야 한다. 그의 팔은 어린이들을 안을 수 있도록 충분히 강해야 한다.

룻 벨은 결코 티벳의 선교사가 되지 못했다. 그러나 그녀는 결혼할 만한 가치 있는 남자 빌리 그래함을 발견했다. 그의 아내 룻 벨 그래함은 전 세계를 향한 선교사가 되었다!

올바른 사람과 결혼하는 것은 정말 중요하다. 당신이 배필로 삼고자 하는 사람의 자질에 대해 생각하라. 만일 아직 배필이 없다면, 당신이 결혼하고자 하는 사람을 하나님이 준비시켜 달라고 지금부터 기도하기 시작하라.

> 이러므로 남자가 부모를 떠나
> 그 아내와 연합하여
> 둘이 한 몸을 이룰지로다 (창 2:24)

74

• • • • •

성경에는 '안전한' 성 관계를 묘사하는
단어가 하나 있는데, 그것이 바로 결혼이다

1960년대는 강한 반항의 시대로 알려졌는데, 그중에는 성적인 혁명도 있었다. '자유연애'는 히피 운동에서 흘러 나와 미국 문화의 주류가 되었고 '새로운 도덕성'에 의해 인가된 혼전 성관계가 공공연하게 일어났다.

그러나 이러한 경향으로 생긴 예기치 못한 결과는 거의 공식적인 주목을 받지 못했다. 전 미국 정신과협회 회장이며 미국 월간지(*American Journal of Psychiatry*)의 편집자인 프랜시스 브레이스랜드 박사는 그 당시에 정신병을 앓는 청년들이 많이 늘어났다고 보고했다. 약물과 신학에 대한 전국 감리교 평의회의 토의 도중에 이같은 사실을 발견한 브레이스랜드 박사는 이렇게 결론지었다. "혼전 성경험에 대해 캠퍼스에서 자유로울수록 여대생들의 정서는 스트레스로 인해 더 심하게 파괴될 것입니다."

'새로운 도덕성'이 미국 문화의 높은 비율을 차지한 이래로 지난 수년간을 되돌아 볼 때, 강간, 낙태, 이혼, 혼전임신, 편부모 가정, 헤르페스와 HIV(Human Immunodeficie-ncy Virus: 후천성 면역 결핍증; AIDS 바이러스-역주)를 포함한 성병 등의 발생률이 높아졌음을 발견하게 되었다.

옛날의 도덕성이 오히려 사람들에게 더 안전하고 더 건강하고 더 행복함을 주었다!

> " 모든 사람은 혼인을 귀히 여기고 침소를 더럽히지 않게 하라 음행하는 자들과 간음하는 자들을 하나님이 심판하시리라 (히 13:4)

지나가 '해야 할' 목록을 두 번째 종이에 쓸 때, 그날이 열광적인 날이 될 것을 알았다. 시간이 없었다. 지나가 고속도로에 들어섰을 때는 마치 주차장 같았다. 지나에게는 최상의 계획들이 있었다.

지나는 멀리서 도로 옆에 서 있는 나이 든 한 여인을 보았다. 차량이 조금씩 움직였는데 지나는 그 여자의 차 덮개에서 연기가 올라오는 것을 보았다. '누군가 도와주어야 할 텐데.' 하고 생각했다. 그녀는 자신의 빽빽한 하루 일정을 생각해 보았다. 그러나 그 여인의 당황한 모습을 보고는 그냥 지나칠 수가 없었다. 지나는 차를 옆으로 세웠다.

> 여유를 가질 때 가치있는 것을 잃지 않는다.

지나는 몇 마디 인사를 나눈 후 핸드폰으로 견인차를 불렀다. 거듭 고맙다고 인사한 그 여자는 혼자서 견인차를 기다릴 수 있다며 지나에게 볼일을 보라고 재촉했다. 지나가 다시 고속도로에서 차를 운전했을 때 교통의 흐름이 원활해지기 시작했다. 그리고 그녀의 생각은 '해야 할' 목록으로 다시 돌아와 있었다.

그날 오후에 지나 앞으로 꽃다발이 배달되었다. '고마워요. 고속도로에서 만난 친구 도트가'라는 카드가 함께 있었다. 친구를 삼는 데는 시간이 걸린다. 그러나 당신이 누군가에게 다가가기 위해 허비한 시간은 결코 낭비가 아니다. 누군가 도움이 필요할 때 당신은 얼마나 융통성 있게 행동하는가?

> 남에게 대접을 받고자 하는 대로
> 너희도 남을 대접하라 (눅 6:31)

75

• • • • • •

호의를 입었을 때 "감사합니다"라고 말하고,
대화 도중에 끼어들 때는 "실례합니다"라고 말하라

지상에서 행하는 미덕 중 천국에서도 필요할 것 같은 항목은 무엇일까?

- 용기인가? 아니다. 천국에서는 두려운 것이 없을 것이다.
- 소망인가? 아니다. 우리가 갈망하는 모든 것을 갖게 될 것이다.
- 믿음인가? 아니다. 우리는 믿음의 근원인 분과 함께 거할 것이다. 우리가 믿었던 모든 것들이 그분의 손에 의해서 그분 안에서 성취될 것이다.
- 궁핍한 사람들을 향한 자선 행위인가? 아니다. 천국에는 굶주림, 목마름, 헐벗음 혹은 집 없음이 없을 것이다. 모든 필요가 채워질 것이다.
- 긍휼인가? 아니다. 더 이상 눈물과 고통이 없을 것이다.

- 예의인가? 예! 예의를 행할 공간은 여전히 있을 것이다. 아무도 화나지 않게 하는 친절한 인사와 단순한 태도는 모든 길을 편안하게 만든다.

좋은 태도는 중요하다. 그것은 사람들과 편하게 지내게 하고, 더 협력적으로 만들며, 행복하게 한다.

임마누엘 칸트는 이렇게 말했다. "항상 인간을 한 인격체로 대하라. 즉, 사람을 당신의 목적을 이루기 위한 수단으로서가 아니라 그 자체로 목적으로 하는 존재로 대하라." 당신이 만나는 모든 사람을 위엄과 가치를 지닌 존재로 대하라. 그것이 바로 천국에서 당신이 장차 살 삶의 예행연습임을 생각하라!

> 그러므로 우리는 기회 있는 대로
> 모든 이에게 착한 일을 하되 (갈 6:10)

부엌 도구서랍에서 망치와 몇 개의 못을 든 두 아들이 방으로 급히 들어가더니 킥킥 웃으면서 낮게 속삭일 때, 엄마는 눈썹을 치켜뜨고서 모든 모습을 지켜보고 있었다. 망치 소리를 듣지 못한 엄마는 집안일을 계속했다. 그때 엄마는 부엌 창문을 통해 둘째 아들이 차고에서 사다리를 가지고 나오는 것을 보았다. 엄마가 아들을 부르기도 전에 아들은 시야에서 사라졌다. 몇 분 후 큰 아들이 엄마에게 끈이 있는지 물으려고 부엌으로 왔다.

어떤 사람의 방에 들어가기 전에 노크하고 허락을 받아라.

"아니, 뭐하는 거니?" 하고 엄마가 물었다. 큰아들은 "아무것도 아니에요."라고 대답했다. 엄마는 "정말이니?" 하고 다그쳤지만, 곧 큰아들도 시야에서 사라졌다.

수상쩍게 생각한 엄마는 아들의 방으로 가 보았으나 문이 잠겼음을 알았다. 엄마는 노크하면서 물었다.

"얘들아 거기서 뭐하는 거니?" 한 아들이 "아무것도 아니에요."라고 대답했다.

정말로 수상쩍게 여긴 엄마는 문을 열라고 명령했다. "지금 당장 이 문 열어!"라며 엄마는 단호하게 말했다. 몇 초 후에 문이 열렸고, 큰아들이 "놀라셨죠!" 하면서 엉성하게 포장한 선물을 그녀에게 주었다. "생일 축하해요, 엄마!" 하고 둘째 아들이 덧붙였다. 정말로 놀란 엄마는 더듬거리며 말했다. "그런데 망치, 못, 사다리 그리고 끈은 도대체 뭐니?" 두 아들은 씩 웃으면서 "엄마, 이것들은 다만 미끼였어요."라고 말했다.

> 뭇사람을 공경하며 (벧전 2:17)

76

· · · · ·

권세자에게 복종하라

시골 길을 운전하던 어떤 사람이 좁은 다리를 만났다. 그 다리 앞에는 '양보하시오'라는 표지판이 붙어 있었다. 그 사람은 아무 차도 오지 않기에 다리를 건넜다. 돌아오는 길에도 똑같은 다리를 만났는데, 아까와는 반대 방향이었다. 그런데 놀랍게 거기에도 '양보하시오'라는 표지판이 있었다.

호기심이 생긴 그는 '다른 쪽에도 동일한 표지판이 있을 거야.'라고 생각했다. 그가 다리 건너편에 다다랐을 때 뒤를 돌아보았고 그 표지판을 보았다. 양보하라는 표지판이 다리 양쪽 끝에 세워져 있었다. 분명히 양쪽의 운전자들에게 서로 양보하라는 의도로 세워둔 것이었다. 그것은 서로 충돌을 방지하기 위한 확실한 이중장치였고 합당한 것이었다.

만일 당신이 권세자들과 투쟁해야 하는 상황에 처해 있다면 그들에게 굴복하는 것이 지혜로운 것이다. 당신이 위에 있는 권세자들에 대한 존경심이 부족하다면 그들이 당신을 처벌하거나 질책할지도 모른다. 만일 동등한 권세를 가졌을 때 당신이 권력을 휘두르면 연합보다는 적개심만 쌓일 것이다.

> 임금들과 높은 지위에 있는 모든 사람을 위하여 하라 이는 우리가 모든 경건과 단정한 중에 고요하고 평안한 생활을 하려 함이니라 (딤전 2:2)

편지에 RSVP(불어로 responde s'il vous plait의 약자로)라는 것은 '회답바랍니다'라는 뜻이다. 초대장에서 이 구절은 주인의 초대에 참석할 것인지의 여부를 알려 달라는 요청이다.

가끔 손으로 쓴 초대장에는 '참석할 수 없을 때만 답장 주세요.'라고 쓴 것도 있다.

이 경우에는 당신이 참석할 수 없을 경우에만 주인에게 통지하면 된다. 그러나 정말 사려 깊은 손님은 참석할 계획이 있다면 주인에게 전화나 메일을 통해서 참석할 것임과 초대해 주셔서 감사하다고 말할 것이다.

> 초대받았을 때는 즉시 답을 하라.

당신이 50명의 손님을 위한 파티를 계획하는데, 각 손님 당 25달러가 든다고 예상해 보라. 그런데 절반의 손님이 응답하지 않았고, 그중에 10명이 나타나지 않았다고 생각해 보자. 당신은 단지 사람들이 참석하지 못한다고 알리지 않은 것 때문에 250달러를 낭비하게 될 것이다. 당신은 그 사람들을 사려 깊은 친구라고 생각하겠는가?

당신은 환상적인 파티에 참석하기를 원하는 그런 류의 손님인가!

> 세월을 아끼라 때가 악하니라 (엡 5:16)

77

빌린 것을 제시간에 좋은 상태로 돌려주어라

한 번은 어떤 상점에서 다음과 같은 상품예약 구입법(손님이 돈을 치를 때까지 물건을 맡겨두는 것)을 세웠다. '값을 지불할 때까지 물건을 보관할 것임. 여러분이 미칠 것임. 돈을 내지 않고 가게에서 물건을 가져가면 우리가 미칠 것임. 여러분이 미치는 것이 더 나음.'

마크 트웨인이 이웃집 사람에게 자신이 빌리고 싶은 책이 있는데 빌려줄 수 있냐고 물었을 때, 바로 이런 방법을 마음에 두었을지도 모른다. "아, 예, 클레멘스 씨, 당신을 환영하지요."라고 그 이웃이 말했다. "그러나 저는 당신이 여기서 그 책을 읽기 바랍니다. 저는 어떠한 책도 제 서고에서 결코 밖으로 나가지 못하게 하는 법칙을 정했거든요."

여러 날 후에 그 이웃이 트웨인의 집에 와서 자기 집 잔디 깎는 기계를 수리점에서 찾아올 동안 잔디 깎는 기계를 빌릴 수 있겠느냐고 물었다. "왜 안 되겠어요? 당연히 빌려 드려야죠." 하고 트웨인이 대답했다. "기꺼이 환영합니다. 그러나 저는 당신이 그것을 제 마당에서만 사용했으면 합니다. 저는 그렇게 법칙을 정했거든요."

빌린 것을 소중하게 다루고 즉시 돌려주어라. 당신이 사용하는 동안 어떤 일이 발생했으면, 그것을 수리하거나 다른 것으로 교체해 주어야 한다. 비록 그 물건이 당신의 수중에 있다 해도 그것은 당신의 것이 아님을 항상 명심하기 바란다. 그것은 여전히 다른 사람의 것이다.

> 그러므로 어리석은 자가 되지 말고
> 오직 주의 뜻이 무엇인가 이해하라 (엡 5:17)

브라운 씨는 목사 준비를 하는 신학대 4학년생이다. 그가 다니는 학교의 정책은 설교자를 필요로 하는 지방 교회에 갈 수 있도록 기회를 주는 것이었다. 브라운 씨는 그러한 기회를 간절히 기다렸고, 마침내 그의 차례가 돌아왔다. 한 시골 교회의 목사가 긴급한 일로 다른 곳으로 갔기 때문에, 브라운 씨가 대신 그 강단에 서게 되었다.

　　그 같은 기회를 너무 오래 기다렸기에 브라운 씨는 할 말이 매우 많았고, 곧 자신의 말에 흠뻑 젖게 되었다. 설교를 하면 할수록 더 설교에 영감이 부어졌다. 그는 자신이 꼬박 한 시간을 설교했음을 알고 충격받았다. 그는 실제로 설교 시간으로 30분을 할당받았기에 당황하였다. 점심시간까지 빼앗으면서 설교한 것을 알게 된 그가 회중에게 진심으로 사과하고 자리에 앉았다.

　　그날 예배가 끝나고 한 젊은 여성이 그에게 급히 다가왔다. 아마도 그의 메시지보다 그의 성격과 외모에 더 감동

> 약속시간을 지켜라. 또 정시에 떠나라. 오래 머무르는 것보다 더 지루한 것은 없다.

을 받은 것 같은 그 젊은 여성이 거침없이 말했다. "오, 브라운 형제님, 당신은 사과할 필요가 없었어요. 당신은 정말 오래 말하지 않았어요. 그것은 단지 오래 걸린 것처럼 느껴졌을 뿐이에요."

"항상 더 원할 때 멈추라."는 옛 격언이 있다.

> 각각 자기 일을 돌아볼 뿐더러
> 또한 각각 다른 사람들의 일을 돌아보아
> 나의 기쁨을 충만케 하라 (빌 2:4)

78

• • • • •

당신이 태어났을 때 당신은 울고 세상은 기뻐했다.
합당한 자세로 인생을 살아라. 그러면 당신이
죽을 때 세상은 울고 당신은 즐거워할 것이다

엘리콧은 브로드웨이에서 멀리 떨어진 곳이다. 6천1백 명이 사는 조그마한 농장으로 이루어진 이 마을은 콜로라도 동부 평야 지대에 위치하고 있다. 그러나 패트 디스테드에게 감사하게도, 엘리콧고등학교 학생들은 이 작은 지역 사회를 위해 빗자루로 만든 검을 가지고 "햄릿"과 "헨리 4세"와 같은 작품을 제작했다. 20년 넘게 패트는 드라마와 영어를 가르쳤다. 고등학생들의 삶에 변화를 가져온 그녀의 전문기술과 헌신은 그 작은 마을에 큰 영향을 주었다.

2001년 5월 28일에 토네이도가 엘리콧 지역을 휩쓸었다. 그 엄청난 태풍으로 인해 17명이 부상을 입었고, 이동식 주택이 쓰러졌으며, 엘리콧고등학교 건물이 파괴되었다. 지방 기자들은 그 지역의 피해가 적은 것이 얼마나 다행인지 모른다고 논평했다. 이같은 '행운'이 주어진 이유 중의 하나는 많은 엘리콧 주민들이 콜로라도 스프링스 근처에 있었기 때문이다. 다음 날이 패트 디스테드의 장례식이었기 때문에 엘리콧 주민들은 그녀를 조문하기 위해 그곳에 갔었다.

오랫동안 암으로 투병했던 패트는 자신의 관에 아무 꽃도 두지 말라고 유언했다. 대신 그녀는 장례식 기금을 엘리콧고등학교를 위해 써달라고 요청했다. 패트는 그 기금이 자신이 그토록 오랫동안 봉사했던 그 학교를 재건하는 데 얼마나 요긴하게 쓰일 수 있을지 전혀 몰랐다.[24] 심지어 죽을 때도 패트 디스테드는 다른 사람들에게 축복이 되었다. 당신은 이 세상에 어떤 유산을 남기고 싶은가?

> 의인을 기념할 때에는 칭찬하거니와
> (잠 10:7)

미주

1. Dr. Harold Sala, *Heroes: People Who Made a Difference in Our World*(Uhrichsville, Ohio: Promise Press, 1998), p. 234.
2. Nat G. Bodian, *The Joy of Publishing*(Fairfield, Iowa: Open Horizons Publishing Company, 1996), pp. 49-51.
3. *Jokes and Anecdotes*, edited by Joe Claro(New York: Random House, 1996), p.163.
4. Dr. Harold Sala, *Heroes: People Who Made a Difference in Our World*(Uhrichsville, Ohio: Promise Press, 1998), pp.180-181.
5. *The Church Humor Digest*(Memphis: Castle Books)에 기고된 *goodstories.com*에서 인터넷 이야기를 개작한 것임.
6. David K. Fremon, *The Holocaust Heroes*(Springfield, New Jersey: Enslow Publishers, Inc., 1998), pp.58-64.
7. Nat G. Bodian, *The Joy of Publishing*(Fairfield, Iowa: Open Horizons Publishing Company, 1996), p. 124.
8. Dr. Harold Sala, *Heroes: People Who Made a Difference in Our World*(Uhrichsville, Ohio: Promise Press, 1998), pp. 59-61.
9. Ibid., pp. 277-278.
10. Warren W. Wiersbe, *Victorious Christians You Should Know*(Grand Rapids, Michigan: Baker Books, 1997), pp. 102-108.
11. Dr. Harold Sala, *Heroes: People Who Made a Difference in Our World*(Uhrichsville, Ohio: Promise Press, 1998), pp. 225-226.
12. Pam Brown, *Father Damien*(Milwaukee: Gareth Stevens Publishing, 1988).

13. *The Dictionary of Cultural Literacy*(Boston, Massachusetts: Houghton Mifflin Company, 1993), p. 160.
14. Warren W. Wiersbe, *Victorious Christians You Should Know*(Grand Rapids, Michigan: Baker Books, 1997), pp. 74–80.
15. *Reader's Digest*(May, 1994), p. 114.
16. Dr. Harold Sala, *Heroes: People Who Made a Difference in Our World*(Uhrichsville, Ohio: Promise Press, 1998), pp. 201–202, 265–266.
17. Ibid., p. 265.
18. Michael Leapman, *Eyewitness Travel Guides*(London, New York, New York: DK Publishing, Inc., 2000), p.154.
19. Warren W. Wiersbe, *Victorious Christians You Should Know*(Grand Rapids, Michigan: Baker Books, 1997), pp. 22–26.
20. Dr. Harold Sala, *Heroes: People Who Made a Difference in Our World*(Uhrichsville, Ohio: Promise Press, 1998), pp. 125–126.
21. Warren W. Wiersbe, *Victorious Christians You Should Know*(Grand Rapids, Michigan: Baker Books, 1997), pp. 53–59.
22. Dr. Harold Sala, *Heroes: People Who Made a Difference in Our World*(Uhrichsville, Ohio: Promise Press, 1998), pp. 29–31.
23. *The Dictionary of Cultural Literacy*(Boston, Massachusetts: Houghton Mifflin Company, 1993), p. 33.
24. *The Gazette* Colorado Springs: Colorado,(May 29, 2001).